Köhler/Weiß
Schwierige Gespräche in der Lehrer_innenbildung meistern

Katja Köhler / Lorenz Weiß

Schwierige Gespräche in der Lehrer_innenbildung meistern

Der Leitfaden für Seminarleitungen, Mentor_innen und Schulleitungen

Katja Köhler ist als Seminarrektorin in der Lehrerausbildung von Grundschullehramtsanwärtern in Bayern tätig. Sie ist Beratungslehrkraft, Lehrbeauftragte und Zweitprüferin an der Universität Bayreuth.

Lorenz Weiß ist als Seminarrektor in der Lehrerausbildung von Grundschullehramtsanwärtern in Bayern tätig. Er ist Trainer für Unterrichtsentwicklung, Lehrbeauftragter an der Friedrich-Alexander-Universität Erlangen-Nürnberg und Moderator für eine wahrnehmungs- und wertorientierte Schulentwicklung.

Dieses Buch ist erhältlich als:
ISBN 978-3-407-25871-7 Print
ISBN 978-3-407-25882-3 E-Book (PDF)

1. Auflage 2021

in der Verlagsgruppe Beltz · Weinheim Basel
Werderstraße 10, 69469 Weinheim

Layout/Reihenkonzept: glas ag, Seeheim-Jugenheim
Umschlaggestaltung: Michael Matl
Umschlagabbildung: © gettyimages/Jose Luis Pelaez Inc

Satz und Herstellung: Michael Matl
Druck und Bindung: Beltz Grafische Betriebe, Bad Langensalza
Printed in Germany

Weitere Informationen zu unseren Autor_innen und Titeln finden Sie unter: www.beltz.de

Inhalt

Vorwort

Die Fähigkeit, Gespräche in der Lehrerinnenbildung zielsicher und souverän zu steuern, ist eine zentrale Schlüsselqualifikation, die von jeder Lehrkraft und jeder Führungskraft im schulischen Umfeld in der Berufspraxis gefordert wird. Im Unterschied zu Alltagsgesprächen mit Freunden oder der Familie ist das Führen professioneller Gespräche oft mit zusätzlichen Emotionen, Erwartungen und Herausforderungen belastet, gestaltet sich aufgrund dessen schwieriger und führt deswegen zu Unsicherheiten. Miteinander zu reden ist ein wichtiges Element in der Lehrerinnenbildung zur Kooperation, zur Vermeidung von Missverständnissen und zur Führung von Lehrkräften sowie zur Schulentwicklung. Grundsätzlich ist fast jedes Gespräch in der Lehrerinnenbildung, das zwischen Vorgesetzten und Lehrkräften ein kurzfristig geschaffener »Ausschnitt«, in dem Führung und Feedback stattfindet. Dort werden wichtige Anliegen – i. d. R. die Arbeit im Schul- und Unterrichtsleben und die Beziehung der Gesprächsteilnehmer betreffend – zwischen Mitarbeiter und Führungskraft geklärt. Tritt man im Rahmen der Lehrerinnenbildung als Gesprächsleitung mit anderen Lehrkräften im Rahmen von Führungsaufgaben in Kontakt, so lässt es sich nicht umgehen, zuweilen auch so genannte »schwierige Gespräche« als Gesprächsleitung zu führen. Das trifft insbesondere auf Gespräche zu, die vom Inhalt und/oder von der Beziehungsgestaltung der am Gespräch Beteiligten her bedeutungsschwer sind. Oft ist in solchen Fällen davon auszugehen, dass die angesprochene Lehrkraft sich nicht immer gänzlich offen auf das Gespräch einlässt, sich eher zurückhält, rechtfertigt oder aggressiv reagiert. Gleichsam ist auch die Gesprächsleitung nicht »fehlerfrei«.

Das Buch liefert einen Beitrag dazu, wie man als Gesprächsleitung mit entsprechenden Analyseinstrumenten, klaren Handlungsstrukturen sowie mit Methoden der Gesprächsführung eine wertschätzende Haltung einnehmen kann, um mit den ihnen anvertrauten Lehrkräften, seien sie in Ausbildung oder als Lehrkraft im Schuldienst, in einen konstruktiven, kooperativen und lösungsorientierten Dialog treten zu können. Ein besonderes Anliegen ist uns dabei die stärkenorientierte Gesprächsführung, die sich im Laufe der Jahre als die durchsetzungsfähigste und gewinnbringendste Grundhaltung für die Gesprächsleitung bewährt hat.

Herzlicher Dank gilt unserer Lektoren im Verlag für die konstruktive Zusammenarbeit sowie allen den Kolleginnen und Kollegen sowie Vorgesetzten, die uns selbst ein gutes Vorbild in der Art miteinander wertschätzend konstruktiv-motivierende Gespräche zu führen waren, und auch den anderen, die es uns ermöglichten, uns reflexiv von der Art, wie diese Gespräche führten, fachlich, sachlich und emotional abzugrenzen und uns selbst daran weiter zu entwickeln.

Wir haben die für uns wichtigsten Aspekte zum Führen schwieriger Gespräche in der Lehrerinnenbildung zusammengefasst, nicht alles ist möglich niederzuschreiben. In der Auswahl war für uns wichtig, dass die Informationen aus den Kapiteln konkret, nachvollziehbar und als Werkzeug oder Analyseinstrument praktisch verwertbar sind, und zum anderen, dass die Denk- und Handlungsschritte, die sich mehrfach erfolgreich in den einzelnen Phasen der Lehrerinnenbildung bewährt haben, als Fundgrube für andere dienen kann.

Dieses Praxishandbuch richtet sich an alle an der Lehrerbildung Beteiligten: Schulleiter, Seminarleiter, Seminarrektoren, Studienseminarleitungen, Seminarvorstände, Fachleiter, Mentoren, Praktikumslehrkräfte, akademische Räte und akademische Rektoren sowie Vertreter der Schulaufsichten.

Haben Sie Fragen, Anmerkungen oder Interesse an einer Zusammenarbeit oder Fortbildung, können Sie sich gerne an uns wenden.

Wir wünschen Ihnen viel Erfolg, Zufriedenheit und Gelassenheit sowie viele geglückte einfache und schwierige Gespräche und sind gespannt auf Ihre Rückmeldungen unter lorenz.weiss@web.de

Katja Köhler und Lorenz Weiß

1 Grundlegende Voraussetzungen einer Gesprächsleitung zum Führen schwieriger Gespräche

Die Situation des Zusammenseins für ein Gespräch für Gesprächsleitung und Lehrkraft ist bei jedem (Erst-) Kontakt v. a. für die Lehrkraft eine Situation der Unsicherheit, die von der Gesprächsleitung aufgefangen werden sollte. Die negativen Effekte von Unsicherheit können abgefedert werden, wenn es gelingt eine Phase der Sicherheit und der Ermutigung zu kreieren. Die im Folgenden dargestellten Variablen und Kompetenzen der Gesprächsleitung haben dabei ihre Wurzeln im klientenzentrierten Therapieansatz von Carl Rogers, dem es gelang, wesentliche Fertigkeiten von Gesprächsleitungen, in diesem Fall Therapeuten, für die Förderung von Verhaltensänderung herauszuarbeiten. Rogers beschreibt, dass durch Empathie, Akzeptanz und Kongruenz der Gesprächsleitung gegenüber ihrem Klienten äußerst gelingensfördernde Bedingungen als Form intensiver Beziehungsarbeit für das Eintreten von Veränderung geschaffen werden können. In diesem Rahmen ist es dem Klienten möglich, seine Erfahrungen zu explorieren und selbst zur Lösung seiner Probleme vorzudringen (vgl. Miller/Rollnick 2004). Bei den Gesprächen im schulischen Kontext handelt es sich dabei nicht um Therapiesitzungen, gleichwohl können die Grundsätze der Klientenzentrierung auf förderliche Grundbedingungen bei schwierigen Gesprächen in der Lehrerbildung angewandt werden.

1.1 Empathie

Eine Gesprächsleitung ist dann besonders empathisch, wenn es ihr gelingt, durch einfühlendes Verstehen der Lehrkraft eine Atmosphäre der Offenheit und des Vertrauens zu schaffen. Zuweilen ist es in schwierigen Gesprächen so, dass die Gefühle der Lehrkraft zu einer Thematik aus dem Schul- und Unterrichtsleben diffus, irrational oder widersprüchlich sind. Durch einfühlendes Nachempfinden der Gesprächsleitung kann es leichter gelingen, dass durch die Verbalisierung emotionaler Inhalte die Lehrkraft Zugang und Strukturen in ihren Emotionen erhält, die ihr vorher nicht möglich war. Durch die Verbalisierung von Emotionen, die die Gesprächsleitung bei der Lehrkraft abgreift, erhält diese zunehmend eigenständigen Zugriff auf ihre Gefühle und kann damit eher inneres (Er-)leben verstehen und wird wieder handlungsfähiger. Durch die emotionale Wärme der Gesprächsleitung vermeidet sie, dass sie als der Lehrkraft überlegenes und emotionsloses Gegenüber wahrgenommen wird. Erreicht wird dies dadurch, dass die Gesprächsleitung zusätzlich zu den Verbaläußerungen auf Nonverbalitäten wie Mimik, Gestik, Klang der Stimme der Lehrkraft achtet, um Rückschlüsse auf innere Vorgänge bei der Lehrkraft zu ziehen, die sich im Hintergrund der Sachinformationen der Lehrkraft verbergen. Das emotionale Angenommensein wird durch Rückfragen erreicht, wenn die Gesprächsleitung sicher ist, dass die Lehrkraft solchen Rückfragen nicht aus Furcht ausweicht. Empathie bedeutet für die Gesprächsleitung mit dem Herzen der Lehrkraft zu fühlen (emotionale Empathie), mit ihren Augen zu sehen und mit ihren Ohren zu hören (mentale-kognitive Empathie) (vgl. Rogers 1981) und nachzuvollziehen, wie dies das Empfinden und Handeln der Lehrkraft beeinflusst. Dabei erfährt die Lehrkraft, dass das von ihr Ausgesprochene von der Gesprächsleitung wahrgenommen und in einem tieferen Verständnis ernstgenommen wird, auch wenn diffuse, irrationale oder widersprüchliche Gefühle auftauchen. Eine Basis von Offenheit und Vertrauen wird gelegt.

Akzeptanz | 1.2

Eine Gesprächsleitung hat einen hohen Standard von Akzeptanz, wenn sie die Lehrkraft in ihrem Sosein achtet, akzeptiert und ihr emotionale Wärme zu geben imstande ist. Dazu gehört, dass die Gesprächsleitung die Aussagen der Lehrkraft so akzeptiert, wie sie dargeboten werden und es nicht darum geht, ob die Gesprächsleitung mit diesen Inhalten, Gefühlen, Inhalten, Werten oder Einstellungen übereinstimmt. Der Lehrkraft wird gleichsam das Gefühl vermittelt, dass sie angenommen und wahrgenommen wird, egal welche Anliegen sie hat und welches Verhalten sie zeigt. Dies unterstützt das Selbstwertgefühl sowie die Selbstakzeptanz, reduziert Spannungszustände innerhalb der Lehrkraft und erhöht damit die weitere Handlungsfähigkeit der Lehrkraft im Schul- und Unterrichtsleben.

Kongruenz | 1.3

Die Gesprächsleitung beweist Kongruenz, wenn sie ihr eigenes Erleben, auch in emotionaler Hinsicht wahrnehmen kann und dieses Erleben der am Gespräch beteiligten Lehrkraft ohne sich zu verstellen mitteilt und ausstrahlt. Es herrscht eine Deckungsgleichheit zwischen dem, was die Gesprächsleitung fühlt, wie sie handelt und wie sie es der Lehrkraft mitteilt. Mit dieser Form authentischer Kommunikation wird es der Lehrkraft eher ermöglicht, sich ebenfalls zu öffnen. Es geht um eine echte Beziehungsebene zwischen Gesprächsleitung und Lehrkraft und unterstützt das Generieren neuer Erkenntnisse bei der Lehrkraft. Die Aufgabe der Gesprächsleitung ist es dabei gleichzeitig, sich seines eigenen Erlebens bewusst zu sein, sich aber auch von der Lehrkraft und ihrem Erleben abgrenzen zu können. Das Wahrnehmen des eigenen Erlebens bedingt aber auch, nicht ungefiltert die aktuellen Wahrnehmungszustände der Gesprächsleitung der Lehrkraft mitzuteilen. Dazu bedarf es Fingerspitzengefühl. Rücksichtnahme und Achtung gegenüber der Lehrkraft sind eine gute Leitlinie sowie das Bewusstsein, dass auch die Gesprächsleitung »die Erlaubnis« hat, sich mit ihren Gefühlen einzubringen und sich nicht hinter einer Rolle zu verstecken braucht. Dazu gehört auch, dass für alle Beteiligten am Gespräch Situationsklarheit herrscht und im Insgesamten durchschaubar bleibt.

»Aktives Zuhören« als Möglichkeit partnerzentrierte Gespräche zu führen | 1.4

Ein zentrales Element dieses personenzentrierten Ansatzes ist das »Aktive Zuhören« in schwierigen Gesprächssituationen. Um als Gesprächsleitung grundlegende Beziehung zur Lehrkraft aufzubauen, ist das »aktive Zuhören« eine sehr gute Möglichkeit. Dabei ist Hören nicht gleich Hören. Sich als Gesprächsleitung beim Zuhören »passiv« zu verhalten ist nicht gesprächsförderlich im Kontakt mit der Lehrkraft. In der Bezeichnung »aktives Zuhören« wird deutlich, dass Aktivität eine Grundvoraussetzung ist, um das Anliegen des Gegenübers richtig zu verstehen und eine Vertrauensebene aufzubauen.

1.4.1 *Ein Gespräch nach ersten Äußerungen der Lehrkraft empathisch weiterführen...*

Mit unterstützenden, nicht festlegenden Äußerungen der Gesprächsleitung wie etwa »Das klingt, als ob Sie das stark beschäftigt...«, »Es scheint, als ob Sie das sehr berührt...«, »Möchten Sie mehr dazu erzählen...«, wird ein wertfreier offener Impuls gesetzt, der es der Lehrkraft ermöglicht, sich weiterführend und ohne gedrängt zu fühlen zu äußern. Unterstützend kann dabei körpersprachliche Signale der Gesprächsleitung wie etwa Nicken, zugewandter Blick und Körper, halblaute Äußerungen wie Aha, Hmmm, usw. wirken.

1.4.2 *Paraphrasieren*

Beim Paraphrasieren wiederholt die Gesprächsleitung mit eigenen Worten Informationen oder Argumente der Lehrkraft. Dies kann in Form von Fragestellungen möglich sein: »Habe ich Sie richtig verstanden, dass ... ?, Meinten Sie ... ?, Haben Sie dies ... gemeint?...usw.«. Das Wiederholen hilft Missverständnisse auszuschließen und ermöglicht der Lehrkraft eine Korrektur, sodass die Lehrkraft erkennen kann, dass die Gesprächsleitung sie verstanden hat. Das Paraphrasieren kann in Form von Fragen oder auch Aussagen erfolgen. Auf diese Weise des Wiederholens erfolgt eine Synchronisation zwischen Lehrkraft und Gesprächsleitung, die dem weiteren Verlauf von Gesprächen zuträglich ist.

1.4.3 *Verbalisierung emotionaler Erlebnisinhalte*

Durch die »Verbalisierung emotionaler Erlebnisinhalte« wird in Anlehnung an Gesprächsführung nach Carl Rogers einfühlendes Verstehen gefördert. Dabei geht es darum, dass die Gesprächsleitung die jeweiligen Äußerungen der Lehrkraft enthaltenen emotionalen Erlebnisgehalte wahrzunehmen und in einfacher Sprache und vorsichtiger Deutung, wie das Gesagte in emotionaler Hinsicht bei der Gesprächsleitung ankommt, der Lehrkraft mitteilt. Insgesamt handelt es sich beim Verbalisieren emotionaler Erlebnisinhalte um eine Ergänzung des Paraphrasierens und wertschätzenden Zuhörens. Dabei werden nicht nur die Emotionen aufgegriffen, zu denen die Lehrkraft offensichtlich Zugang hat, die Gesprächsleitung unterstützt die Lehrkraft durch eben diese vorsichtigen Deutungen angedeutete Gefühle wahrzunehmen und ggf. sogar selbst in Worte zu fassen. Das Verbalisieren emotionaler Erlebnisinhalte durch die Gesprächsleitung ermöglicht es der Lehrkraft ihre eigenen Empfindungen aus einer Distanz heraus wahrzunehmen, sie besser zu durchdringen und kann dadurch aktuelles Erleben durch diese dann bewussteren Facetten anreichern. Durch diese Form der Selbstexploration gelangt die Lehrkraft leichter zu einer Klärung seiner Anliegen durch Differenzieren und Konkretisieren ihrer Wünsche und Ziele. Beim Verbalisieren emotionaler Erlebnisinhalte reagiert die Gesprächsleitung weniger auf den Inhalt des Gesagten, sondern sie nimmt die emotionale Aussage und das innere Erleben hinter dem Inhalt war und versprachlicht ihn. Zum Beispiel äußert sich die Gesprächsleitung zur Aussage der Lehrkraft: »Wenn ich den Kevin schon zur Klassenzimmertüre reinkommen sehe, da könnte ich ihn schon wieder an die Regeln erinnern und etwas abschreiben lassen!« in diesen möglichen Formen: »Wenn Sie daran denken, graut Ihnen schon richtig vor!« oder »Sie haben das Gefühl, wenn er da reinkommt, da komme ich nicht mehr gegen ihn an! Deute ich das richtig?«

Als Rapport kann man eine freundliche, harmonische Beziehung und Beziehungsaufbau zwischen Menschen bezeichnen, die durch Übereinstimmung, gegenseitiges Verständnis und Empathie gekennzeichnet ist und damit grundlegend Kommunikation erleichtert. Es geht darum, eine begonnene positive Beziehung zu halten und einen Informationskanal offen zu halten, der wertschätzenden Austausch auf Augenhöhe ermöglicht. Tritt die Gesprächsleitung mit der Lehrkraft in einem ausführlicherem Gespräch miteinander in Kontakt, werden in der Regel meist unbewusst verbale und nonverbale Kommunikation der Gesprächspartner deckungsgleicher. Je fundierend positiver der Kontakt von jedem Einzelnen bewertet wird, desto stärker ist seine Anpassung und Aufeinanderbezogenheit an den jeweilig anderen und es wird Rapport hergestellt. Gesprächspartner neigen bei bestehendem Rapport dazu, einander zu vertrauen und sich positiv zu beurteilen und Besprochenes eher für sich annehmen zu können. Je qualitativer der Rapport der Gesprächsleitung, desto verbundener wird die Beziehungsebene mit der Lehrkraft hergestellt und ein Fundament kooperativer und konstruktiver Gesprächsführung gelegt. Erfolgreicher Rapport gelingt Gesprächsleitungen durch intensives Wahrnehmen der Lehrkraft, durch Spiegeln, auf verbaler Ebene der Stimme (Tonlage, Lautstärke, Rhythmus, Wortwahl) an die der Lehrkraft. Nonverbal zeigt sich Rapport dadurch, dass die Gesprächsleitung das Haltungsecho der Lehrkraft (vgl. Morris 1996, 16. Auflage) annimmt und z. B. die Bein- und Armhaltung der Lehrkraft spiegelt, gleiche Bewegungsabläufe ausführt und die Atemfrequenz und -rhythmik angleicht. Beim Spiegeln geht es in der Annahme darum, als Gesprächsleitung die subjektive Welt der Lehrkraft zu betreten und durch die Anpassung des eigenen Verhaltens eine positive Wirkung auf die Kommunikation auf einer unbewussten Erlebensebene zu unterstützen.

Aktives Zuhören erleichtert die Kommunikation und den Informationsaustausch und trägt dazu bei, schwierige Situationen zu klären und aufzulösen.

1.5 Grundlegende Vorbereitungen zum Führen schwieriger Gespräche

Um schwierige Gespräche vorzubereiten, sind Aufmerksamkeitsrichtungen in organisatorischer, inhaltlicher und sozialer Hinsicht beachtenswert und für den Einzelfall auf die jeweilige Situation hin anzupassen.

1.5.1 *Organisatorische Vorbereitungen*

Organisatorische Vorbereitungen sind nicht zu unterschätzen, weil sie den grundlegenden Rahmen bilden und äußere Atmosphäre schaffen.

Mögliche Aufmerksamkeitsrichtungen

- Wann (Datum, Uhrzeit, Zeitraum) findet das Gespräch statt?
- Wo (Ort und Raum) findet das Gespräch statt? Ist ggf. ein Besprechungsraum zu belegen?
- Ist der Besprechungsraum vorbereitet (passendes Mobiliar, Temperatur, Getränke)?
- Wie können Störungen vermieden werden?
- Wurde die Lehrkraft rechtzeitig eingeladen und über Datum, Uhrzeit, Zeitraum, Ort und Raum Gesprächsinhalt, evtl. Vorbereitungen und Unterlagen informiert?
- Sind die Unterlagen der Gesprächsleitung rechtzeitig vorbereitet?
- Stehen evtl. nötige Hilfsmittel zur Verfügung (z. B. Visualisierungshilfen, Block, Stifte, …)?

- Sind weitere Teilnehmer am Gespräch beteiligt und rechtzeitig eingeladen (Datum, Uhrzeit, Zeitraum, Ort und Raum Gesprächsinhalt, evtl. Vorbereitungen und Unterlagen)?
- Sind bei mehreren Beteiligten Absprachen über Inhalte notwendig?
- Sind Vertretungen für das Schul- und Unterrichtsleben für die Dauer des Gesprächs notwendig?

1.5.2 *Inhaltliche Vorbereitungen*

Die inhaltliche Fundierung des Gesprächs ist die wesentliche Leitlinie zur Vorbereitung, deswegen ist es auch an dieser Stelle lohnenswert, sich kriterial abzusichern.

Mögliche Aufmerksamkeitsrichtungen
- Was ist das Ziel des Gesprächs?
- Was ist der Inhalt des Gesprächs?
- Ist die Informationsgrundlage zum Führen des Gesprächs tragfähig?
- Wie soll das Gespräch gegliedert sein (siehe dazu auch: Anlassbezogene Gespräche sicher führen Punkt 6.)?
- Mit welchen Widerständen der Lehrkraft ist zu rechnen? Wie soll diesen begegnet werden?
- Wie viel Zeit ist für die Gesprächsleitung einzuplanen, sich kurz vor dem Gespräch die zu besprechenden Inhalte ins Gedächtnis zu rufen?

1.5.3 *Soziale Vorbereitungen*

Ein Gespräch zwischen zwei Menschen wird immer von der Beziehungsebene getragen. Je besser sich die Gesprächsleitung auf die ihr gegenüberliegende Lehrkraft einstellt und Beziehungen fundieren kann, desto wahrscheinlicher sind Lösungen auf der Sachebene.

Mögliche Aufmerksamkeitsrichtungen
- Wie erlebe ich die Lehrkraft?
- Welche Sympathien oder Antipathien hege ich der Lehrkraft gegenüber?
- Wie tragfähig schätze ich als Gesprächsleitung die Beziehung zur Lehrkraft ein?
- Wie vermute ich als Gesprächsleitung die Beziehung der Lehrkraft zu mir?
- Welche Gespräche wurden mit der Lehrkraft bereits geführt und wie sind diese verlaufen?
- Welche (vermuteten) offenen und verdeckte Motive verfolgt die Lehrkraft im Schul- und Unterrichtsleben sowie in diesem Gespräch?
- Was weiß ich grundsätzlich über diese Lehrkraft (Wertvorstellungen, Lebensthemen, persönliche private Situation, Gemeinsamkeiten, Hobby, Lieblingsthemen, Eigenheiten...)?
- Bei welchen Inhalten des Gesprächs ist mit Zustimmung der Lehrkraft zu rechnen, bei welchen mit Widerständen?

Stärkenorientierte Gespräche mit Lehrkräften führen

2

Der stärkenorientierte Ansatz wurde in den 1980er Jahren in den USA, an der University of Kansas in der »School of Social Welfare« erarbeitet. Dort wurden Verfahren der Sozialen Einzelfallarbeit entwickelt, die sich an den Wünschen und Bedürfnissen der Klientinnen und Klienten orientierten und den Blickwinkel auf konkretes menschliches Verhalten schärften. Die Grundvorstellung ist, dass sich Menschen dann besser entfalten, wenn ihnen gespiegelt wird, sich auf ihre eigenen Stärken (und Ressourcen) besinnen, die sie in ihrer gewohnten Umgebung vorfinden und diese auch zu nutzen.

Für uns ist stärkenorientierte Gesprächsführung mit Lehrkräften ein Führungsinstrument motivierender Kommunikation, die das Zusammenspiel von Werten, Stärken, Verhalten und Erfolg schulischen Lebens und Wirkens von Lehrkräften transparent macht. Stärkenorientierte Gesprächsführung unterstützt den bewussten Einsatz von Stärken und erfolgreichem Verhalten von Lehrkräften in zukünftigen Schul- und Unterrichtssituationen.

Die stärkenorientierte Gesprächsführung beachtet in der dialogischen Kooperation besonders die individuellen Stärken der Lehrkraft innerhalb einer individuellen Bezugsnorm. Denn diese Stärken sind motivationale und emotionale Kraftspeicher, die sich aus der Kombination individuellen Wissens, Fähigkeiten, Fertigkeiten sowie Grundhaltungen und Interessen speisen. Stärken unterstützen den Willen, Herausforderungen bewältigungsorientiert und erfolgreich sowie emotional zufrieden zu bewältigen. Stärkenorientierte Gesprächsführung fußt auf kooperativer Beziehungsarbeit aller am Gespräch Beteiligten, um weiterführende Gestaltungsprozesse verändernd zu begleiten.

Die Orientierung an Stärken negiert keine Missstände oder Unvollkommenheiten im individuellen Wirken der Lehrkraft oder im Schulsystem. Sie orientiert sich an Realität und versucht mit den Stärken der jeweiligen Lehrkraft, individuelle Ressourcen zu finden, die diese zielgerichtet für das Schul- und Unterrichtsleben nutzen kann. Insofern orientiert sich die Stärkenperspektive nicht an der Kompensation von Mängeln, sondern sie schafft Möglichkeiten im Rahmen individueller Handlungskompetenz einer jeden Lehrkraft zur Bewältigung beruflicher Anforderungen. Mit einer stärkenorientierten Gesprächsführung lassen sich auch kritische Situationen und Misserfolge auf eine wertschätzende Art besprechen. Diese Möglichkeit der Vorgehensweise lehnt sich an das Prinzip »Feedforward« an. Statt Rückmeldungen rückwärtsgewandt zu geben, stellt Feedforward eine stärken- und lösungsorientierte Variante von Feedback dar, die sich auf konkrete Veränderungsmöglichkeiten in der Zukunft bezieht.

Die stärkenorientierte Gesprächsführung grenzt sich von einer Mängelkultur ab, bei der man sich im Hauptschwerpunkt darauf konzentriert Schwächen zu fokussieren und zu beheben. Dadurch können Misserfolge zwar vermieden, aber insgesamt eher weniger Erfolge ermöglicht werden.

Deshalb folgen wir dem folgenden Grundsatz: Investition im Schwerpunktbereich der Stärken und einzelner Schwächen der Lehrkraft bringt eine Gesamtprogression und ist deshalb das Mittel der Wahl im Rahmen stärkenorientierte Gesprächsführung und trägt entscheidend zur Berufszufriedenheit der Lehrkraft bei.

Als nicht verfolgenswert erachten wir diese Sichtweisen:

- Ausschließliche Investition in Mängel der Lehrkraft, denn dies bringt keine Progression, demotiviert und unterstützt das Sammeln von Mangelerlebnissen und wird deshalb vermieden.
- Ausschließliche Investition in mittelmäßige Leistungen der Lehrkraft stabilisiert und konsolidiert mittelmäßiges Arbeiten und wird deshalb als die Progression nicht unterstützende Betrachtungsweise nicht verfolgt.

Allgemein wird die Stärkenorientierung durch die Theorie flankiert, dass Emotionen das Wahrnehmungs- und Verhaltensmuster beeinflussen können. Das Hervorheben von Stärken weckt und fördert positive Emotionen wie Arbeitslust, Interesse, Zufriedenheit, Stolz und Motivation der Lehrkraft. Diese inneren Haltungen können sich zu langfristig nutzbaren persönlichen Ressourcen im Schul- und Unterrichtsleben der Lehrkraft entwickeln. Daraus entsteht ein positiver Aufwärtskreislauf, der sich von selbst fortsetzt, da ein wiederholtes Erleben von positiven Emotionen letztendlich wiederum motiviert und die Berufszufriedenheit, Leistung und Resilienz steigert sowie Burnout, psychischen Beschwerden, Stress, Fehlzeiten reduziert (vgl. Broaden-and-build-Theorie von Barbara L. Fredrickson).

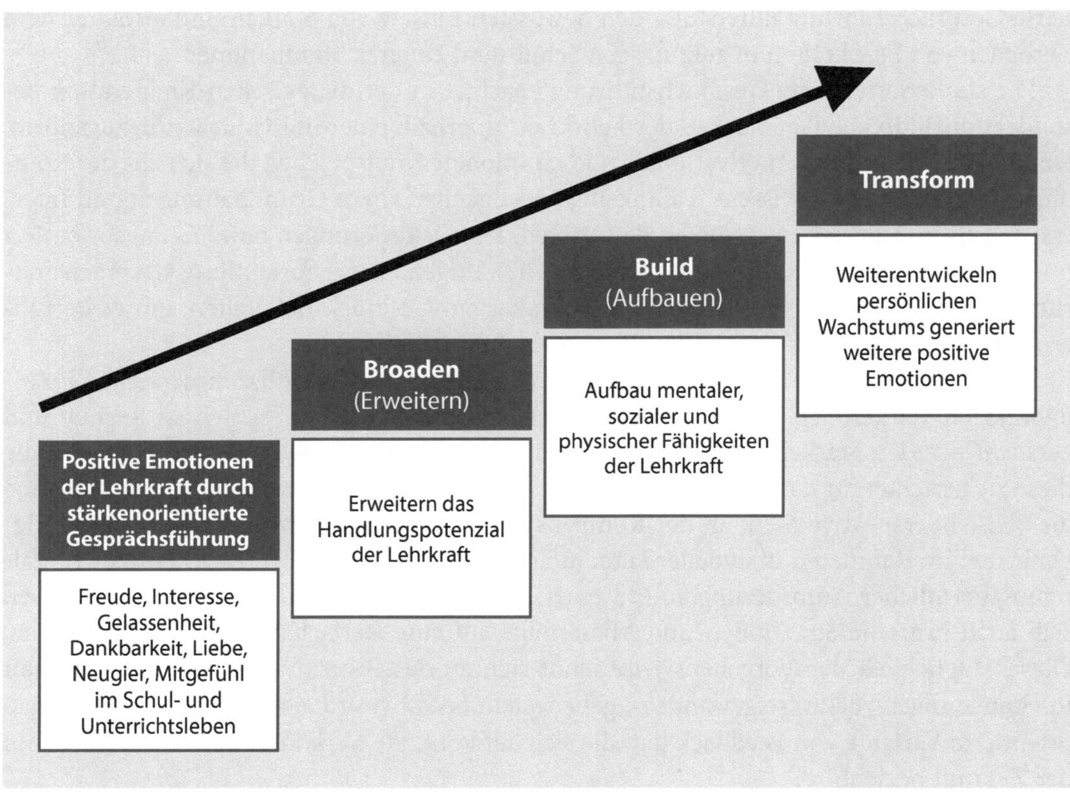

Abb. Broaden-and-build-Theorie von Barbara L. Fredrickson (1998) adaptiert für das Schul- und Unterrichtsleben

2.1 Das stärkenorientierte Mitarbeiter- oder Entwicklungsgespräch mit Lehrkräften

Mitarbeiter- oder Entwicklungsgespräche gehören zum Alltag von Gesprächsleitungen, die in der Lehrerbildung tätig sind. Mitarbeiter- oder Entwicklungsgespräche werden in festen Rhythmen durchgeführt und müssen dokumentiert werden. Diese Mitarbeiter- oder Entwicklungsgespräche finden zumeist in vorgeschriebenen Zeitabständen oder aus dringenden konkreten

Anlässen statt, die ein Gespräch erforderlich machen. Ein möglicher Grund für die eher negative Einstellung liegt in der evtl. gewachsenen und tradiert vorherrschenden Defizitorientierung.

Von der Defizit- zur Stärkenorientierung 2.1.1

Alle Menschen haben persönliche Stärken und die Fähigkeiten zu lernen und sich zu verändern. Der Fokus der stärkenorientierte Gesprächsleitung liegt auf den selbst empfundenen Stärken der Lehrkräfte – zu einem geringeren Prozentsatz auf den Diagnosen und Defiziten, die die Lehrkraft erfasst oder gespiegelt bekommt.

Stärken sind persönliche Kraftspeicher und verbinden die Fähigkeiten und Kompetenzen (Können) und die Interessen (Wollen) der Lehrkräfte zur Weiterentwicklung.

Im Bereich der persönlichen Stärken liegt der größte Hebel für Leistungssteigerungen im schulischen Bereich. Wer das ignoriert, verzichtet auf die Weiterentwicklung sehr guter Leistungen der einzelnen Lehrkraft. Es gilt im stärkenorientierten Mitarbeiter- oder Entwicklungsgespräch mit Lehrkräften an den Stärken des Einzelnen zu arbeiten, nicht ohne jedoch Optimierungsreserven auszusparen. Zur positiven Entwicklung eines bewältigungsorientierten Selbstkonzeptes der Lehrkraft ist es dazu notwendig, die individuell erbrachte Leistung zu würdigen.

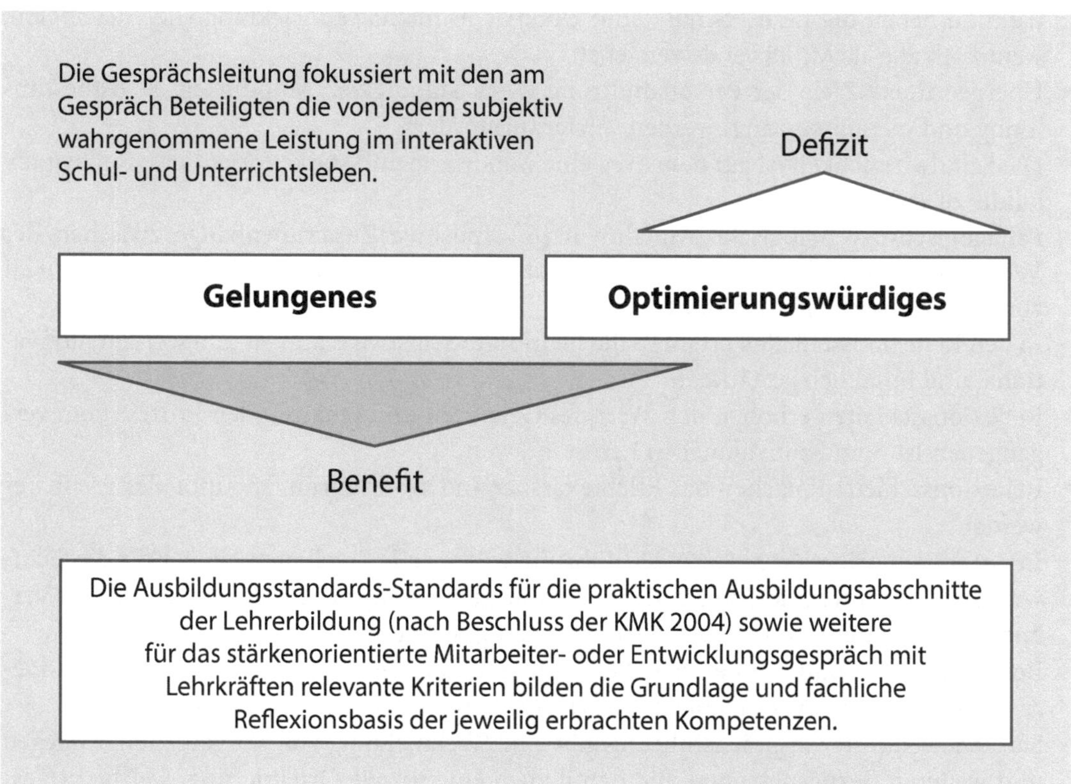

Die festgestellten Benefits sind eine weitere Basis, um bei Lehrkräften bewusste Nachfolgehandlungen an neue Aufgaben noch optimierter zu ermöglichen. Damit die Lernangebote individuell und passend gestaltet werden braucht es einen regelmäßigen stärkenorientierten Dialog über diesen Prozess zwischen den am Lernprozess Beteiligten.

Die Haltung der Gesprächsleitung wird dabei bestimmt vom Grundsatz:

- »Schätze heben und finden!« statt »Fehler finden und so aufblasen, dass das große Ganze der guten Leistungen dahinter verschwindet«!

- eines positiven Menschenbildes.
- einer Fokussierung auf das Gelingen.
- des Anerkennens von Ressourcen und Fähigkeiten.

2.1.2 *Begründungslinien für stärkenorientierte Gesprächsführung*

Stärkenorientierte Gesprächsführung hat eine doppelte Funktion:

1. Rückblick im Sinne einer Wertschätzung der gemachten schulischen Erfahrungen und
2. Vorausschau im Sinne einer Nutzung dieser schulischen Erfahrungen für künftige Schul- und Unterrichtssituationen

(nach Gilsdorf 2004)

und lassen sich des Weiteren mit einer Auswahl an Begründungslinien flankieren:

- Die Lernfähigkeit und -bereitschaft der Lehrkräfte wird gestärkt.
- Die wiederholte, häufige, bewusste Beschäftigung der Lehrkräfte mit ihrer eigenen Professionalität auch in metakognitiver Hinsicht und die bewusste, ausdrücklich thematisierte, an Inhalte gebundene, als Angebot verstandene Dialogisierung und Wirklichkeitskonstruktion heben die Lern-, Schul- und Unterrichtsqualitätsentwicklung aller Beteiligten, wenn sich alle als Mitlernende verstehen.
- Übergeordnete Ziele der Personalführung (Selbstständigkeit, Mündigkeit, Selbstbestimmung und -verantwortung) werden verstärkt gefördert.
- Die Schulwirklichkeit ist auf dem Weg eine elaborierte und stärkenorientierte Reflexionskultur zu etablieren.
- Pädagogisch-psychologische Annahmen (u. a. positive Zusammenhänge zwischen der Verwendung von elaborierter stärkenorientierter Reflexion und Leistung, Wirksamkeit von Reflexionsschleifen) stimmen positiv.
- In den Reflexionsschleifen erfahren die Lehrkräfte Selbstwirksamkeit und werden motivational und inhaltlich gestärkt.
- Reflexionsschleifen erhöhen den Wert des Gelernten und schätzen den Prozess vom vergangenen Ist-Stand zum aktuellen Lernstand wert.
- Reflexionsschleifen machen das Erlebte fassbar, indem Erfahrungen rationaler greifbarer werden.
- In der stärkenorientierten Gesprächsführung werden alle Beteiligten offener für die Sichtweisen und Lernwege anderer, sodass es erhöht zu Bindungen, sozialer Kohärenz und Verbundenheit kommt und die Schulgemeinschaft gestärkt wird.
- Bei eingeführter und trainierter Reflexion merken die Beteiligten das Interesse der anderen an der eigenen Persönlichkeit, was zu erhöhtem Selbstwert führen kann.
- Stärkenorientierte Gesprächsführung gibt eine Rückmeldung von Vorgesetzten, Kollegen und weiteren Bezugspersonen und damit auch eine soziale Orientierung, welche professionellen Lehrtätigkeiten in einer Schulgemeinschaft akzeptiert sind.
- Offenheit für stärkenorientierte Gesprächsführung stützt die Bereitschaft dazu zu lernen und trägt den Nährboden, um sich auf Veränderungen in Schule leichter und bewältigungsorientierter gestaltend einbringen zu können.
- Selbst- und Fremdbild können abgeglichen werden und damit Schlüsse für zukünftiges Lehrverhalten gezogen werden.
- Stärkenorientierte Gesprächsführung nimmt Perspektive, sowohl Gegenwart (Bewältigen schulischer Situationen) als auch Zukunft (lebenslanges Lernen) der Lehrkraft ernst.

- Stärkenorientierte Gesprächsführung leistet einen Beitrag zur selbstständigen und verantwortlichen schulischen und außerschulischen Lebensbewältigung.
- Stärkenorientierte Gesprächsführung sensibilisiert alle Beteiligten für einen bewussten Umgang mit Lehr- und Lehrinhalten.
- Stärkenorientierte Gesprächsführung bezieht die Lehrkraft in die (Eigen-) Verantwortlichkeit zur professionellen Gestaltung von Unterricht- und Schulleben stärker mit ein. Die Gesprächsleitung soll dabei vertrauensvoll – gut vorbereitet – die Verantwortung für den Lernprozess auf die Lehrkräfte abgeben (lernen), ohne aber die Lehrkräfte sich selbst zu überlassen.
- u. a. m.

Der Einfluss positiver Psychologie im Rahmen der stärkenorientierten Gesprächsführung 2.1.3

Als eine Wurzel positiver Psychologie als empirische Wissenschaft gelten die Arbeiten von Martin Seligman kurz vor der Jahrtausendwende (vgl. Brendtro/Steinebach 2012). Seligman forderte die Wirkungsweisen positiver Emotionen und positiver Eigenschaften zu erforschen und plädierte dafür, die Aufmerksamkeit auf positive Aspekte des menschlichen Erlebens und Verhaltens zu legen und nicht oder weniger Defiziten und Krankheiten nachzugehen. Positive Psychologie fokussiert das Lebenswerte im Leben, welche Voraussetzungen ein erfülltes Leben schaffen und wie diese erreicht werden können.

Positive Psychologie ist kein Ersatz problemfokussierter psychologischer Verfahren. Sie ergänzt die bislang dominierenden Forschungsfelder.

Ziele der Positiven Psychologie:
- Finden und Pflegen von Sinn und Erfüllung im Leben
- unter Anwendung positiv psychologischer Verfahren eigene Stärken erkennen und einsetzen
- Steigerung des persönlichen Wohlbefindens und Glückserlebens
- Wahrnehmung positiver Emotionen
- Erweiterung persönlicher Ressourcen zur bewältigungsorientierten Herangehensweise an Herausforderungen
- Förderung beruflichen Erfolgs.

Entstehendes Glücksgefühl ist dabei Begleitprodukt des positiven Handelns und Wirkungserlebens der Person und nicht das eigentliche Ziel positiver Psychologie.

Neuere Forschungen zeigen, dass Menschen, die ihre Stärken täglich nutzen, deutlich lebenszufriedener und emotional positiv stärker an ihre Tätigkeit gebunden sind. Dies unterstreicht die Bedeutung von stärkenorientierten Gesprächen, z. B. in Mitarbeiter- oder Entwicklungsgesprächssituationen, als hoher motivationaler Impuls-, Sinn und Bedeutungsgeber.

Bedingung dafür ist, dass Gesprächsleitungen die Stärken ihrer Gesprächspartner finden und fördern können.

Dazu entwickelt die Gesprächsleitung selbst einen positiven Blick auf die Entwicklungen der ihr anvertrauten Lehrkräfte und gibt positive Rückmeldungen, die wenn selbst so erlebt, authentisch und kongruent wirken und damit von der Lehrkraft als Gesprächspartner bestärkend wahrgenommen werden.

Martin Seligman beschreibt in seiner Veröffentlichung »Flourish: A Visionary New Understanding of Happiness and Well-being« (2011) ein Konstrukt zur Theorie des Wohlbefindens.

PERMA ist dabei ein Akronym für ein Konzept mit fünf Merkmalen, die als Elemente identifizieren, was ein gutes Leben ausmacht und was getan werden kann, um es erfüllter zu gestalten.

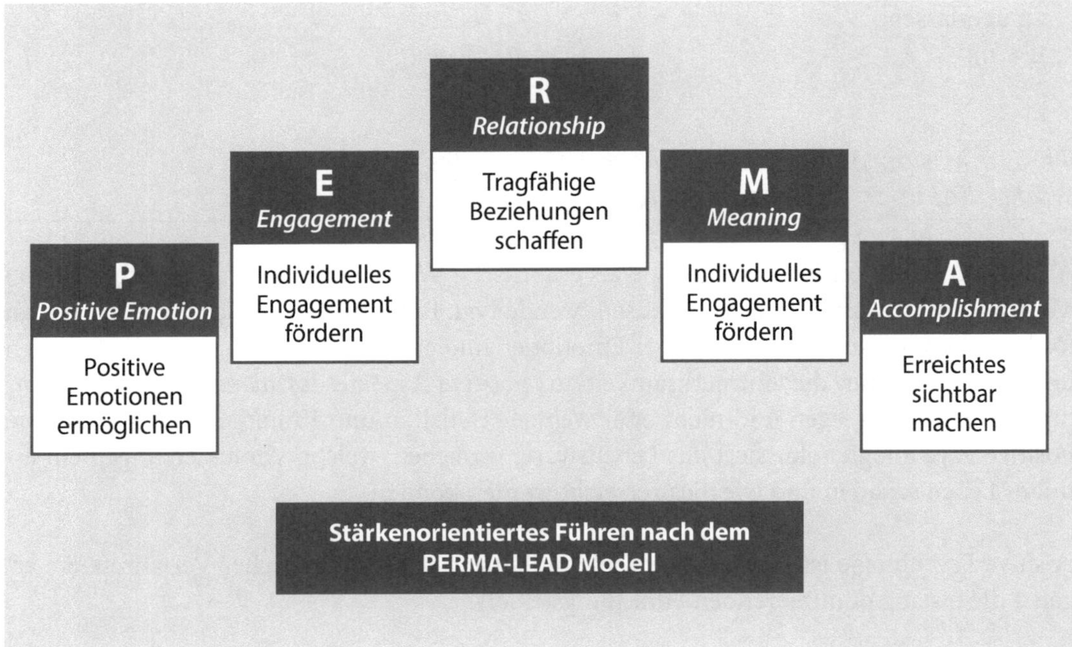

Positive Emotions/Positive Emotionen: Positive Emotionen sind basal für unser Wohlbefinden. Das wiederholende und regelmäßige Erleben positiver Emotionen wie Dankbarkeit, Genuss oder Zuneigung ist ein wesentlicher Beitrag für das Wohlbefinden eines jeden Menschen. Glückliche Menschen betrachten Gegenwart und Zukunft optimistisch sowie positiv besetzt und genießen in der Gegenwart den Moment. Es ist nicht ausreichend, lediglich keine negativen Emotionen zu haben. Die durch die positiven Emotionen getragene Grundstimmung einer Bewältigungsorientierung von Aufgabenstellungen, bewirkt ein Gefühl der Mitgestaltung, sein Leben subjektiv zu verbessern.

Engagement: Leben Menschen ihre Stärken, so ist es möglich, dass sie völlig darin aufgehen und Genuss, Zufriedenheit sowie hohe Wirksamkeit erleben. Dieser Zustand wird auch als Flow (Csíkszentmihályi 2016) oder bei Montessori als »Polarisation der Aufmerksamkeit«, in der Psychologie im Sinn eines »dosierten Diskrepanzerlebnisses« benannt, auch weil diese Menschen das Gefühl erleben, sich für etwas »Großes« zu engagieren (vgl. dazu auch Meaning/Sinn(-haftigkeit) im PERMA- Modell).

Relationships/Positive Beziehungen: Sich zugehörig zu fühlen in einem sozialen Rahmen erhöht die Wahrscheinlichkeit des Wohlbefindens. Das Gefühl »Von anderen gebraucht zu werden« und »Jemand anderen zu brauchen«, sich auf andere verlassen zu können, sind die Benefits aktiver enger Beziehungsgestaltung.

Meaning/Sinn(-haftigkeit): Werden Stärken eingesetzt und als solche erlebt, um zum Erreichen übergeordneter »höherer« Ziele beizutragen, erlebt dies der Mensch als erfüllend.

Accomplishment/Erfolg, Leistung, Zielerreichung: Hierbei geht es darum, sich Ziele zu setzen und diese auch nach dem Maßstab eigener Zufriedenheit zu erreichen. Dies führt zu gesteigertem Wohlbefinden und einem höheren Glücksgefühl.

Für das stärkenorientierte Gesprächsführung mit Lehrkräften bietet das PERMA-Modell von Seligmann bedeutende Aufmerksamkeitsrichtungen zur Gestaltung von Gesprächen.

Das PERMA-Lead Konstrukt, adaptiert für die stärkenorientierte Gesprächsführung ermöglicht:

Positive Emotions/Positive Emotionen, indem sie durch stärkenorientierte Fragen und Impulse, Vergangenheit, Gegenwart und Zukunft positiv besetzt für die Lehrkraft erlebbar macht.

Engagement der Lehrkraft zu identifizieren, es zu würdigen, zu fördern und erlebbar zu machen, indem an konkreten Beispielen Phänomene des Schul- und Unterrichtslebens greifbar und in einen übergeordneten Rahmen, z. B. des Bildungsauftrags der Schule verortet werden.

Relationships/Positive Beziehungen durch ein Ernstnehmen aller am Gespräch Beteiligten. Ein Verbalisieren der ggf. auch gegenseitigen Abhängigkeit in der Schule ermöglicht aktive engere auch tragfähig verlässliche Beziehungsgestaltung.

Meaning/Sinn(-haftigkeit) im Tun der Lehrkraft zu fokussieren und das Handeln der Lehrkraft als Stärke zum Erreichen von Sinnhaftigkeit zu identifizieren.

Accomplishment/Erfolg, Leistung und Zielerreichung durch die Nachbetrachtung zum Annähern gesetzter Ziele im Schul- und Unterrichtsleben und das Aufspannen nachfolgender Ziele. Besonders gewürdigt wird dabei das tatsächlich Erreichte innerhalb einer individuellen Bezugsnorm, die Prozesshaftigkeit und der Einsatz von individuellen Stärken.

2.1.5 *Was ist eine Stärke der Lehrkraft im Rahmen stärkenorientierter Gesprächsführung?*

Persönliche Stärken sind Fähigkeiten, Erfahrungen und Eigenschaften, die die jeweilige Person beherrschen, um Aufgabenstellungen (besonders) gut und zielgerichtet zu bewältigen. Erst der Aspekt der Zielbezogenheit macht aus Fähigkeiten, Kompetenzen, Erfahrungen und Wissen Stärken.

Stärken sind individuelle Kraftressourcen, die in bestimmten Kontexten auffallend zum Tragen kommen und die Lehrkraft emotional positiv beeinflusst, denn in Stärken verbinden sich unser Wissen, Können, Wollen und tatsächliches Handeln im Sinne der kompetenzorientierten Lehrerbildung (vgl. Köhler/Weiß 2015).

Der Maßstab für »besonders« oder »gut« ist dabei relational im Rahmen einer individuellen Bezugsnorm zu sehen. Es geht darum, welche relativen Fähigkeiten und Eigenschaften eine Person hat, in denen sie selbst besser ist, als sie selbst in anderen Handlungsfeldern ist.

Im Rahmen stärkenorientierte Gesprächsführung geht es darum, dass Personen begleitet werden, ihre Stärken, die sie haben, auch zu nutzen. So kann es zum Beispiel sein, dass eine Lehrkraft besonders gut organisieren kann, was noch nicht heißt, dass sie es gerne tut, weil sie jedes Mal, wenn Sie dies über einen längeren Zeitraum verfolgt, sehr angestrengt ist, auf sehr viele Details gleichzeitig und vorausschauend zu achten.

In der Gesprächsführung und Begleitung geht es fast im mäeutischen Sinn darum, der Lehrkraft Leitplanken im Erleben zu bauen, das Anwenden ihrer Stärken nachhaltig mit Freude zu erleben, im besten Fall in ihrem Tun aufzugehen und nach der Anwendung gekräftigt und erfüllt zu fühlen. Es geht darum, die Stärken zu stärken, dann sind Lehrkräfte bereit, sogar zusätzliche Energie und Aufwand in den Erwerb und die Erweiterung von Fach- und Sachkompetenzen zu investieren, bei tendenziell hoher intrinsischer Motivation.

Nur wenn die Lehrkraft Klarheit über ihre Stärken hat, kann sie diese verfolgen und ausbauen. Gleichzeitig muss die Lehrkraft unterstützt werden, diese Stärken zielgerichtet einzusetzen, wenn man den Aspekt beachtet, dass Stärken Instrumente sind, um Ziele zu erreichen.

2.1.6 *Auswirkung stärkenorientierter Gesprächsführung*

Stärkenorientiertes Handeln wirkt selbstverstärkend und ermöglicht es über die positiven psychischen Begleitprozesse deutlich müheloser Tätigkeiten länger anhaltender, freudvoller, motivierter und energetischer zu tätigen. In einem sich selbst verstärkenden Kreislauf erlebt sich die Lehrkraft als selbstkompetent, durch den Erfolg zusätzlich motiviert. Gleichzeitig wird die Lehrkraft berufszufriedener, sinnhafter im beruflichen Tun, belastbarer und resilienter bei Herausforderungen und strahlt dies auch aus. Sich seiner Stärken bewusst zu sein, macht es für die Lehrkraft wahrscheinlicher, sich konstruktiv und bewältigungsorientiert mit seinen Optimierungsfeldern auseinander zu setzen und steigert das Vorvertrauen der Lehrkraft, bei steigenden Anforderungen auch in Zukunft noch einen wertvollen Beitrag zum Schul- und Unterrichtsleben zu bringen. Studien zeigen, dass sich Fehlzeiten, depressive Beschwerden, Stress und Burnout verringern durch einen respektvollen Umgang auf Augenhöhe mit gegenseitiger Wertschätzung.

2.1.7 *Können Stärken auch Schwächen sein?*

Kompetenzen einer Lehrkraft können je nach Betrachtungsweise und Beurteilung gleichzeitig eine Stärke und Schwäche sein. Deshalb ist es besonders wichtig, die Auswirkungen des zielgerichteten Tuns im Blick zu behalten. Eine zu ausgeprägte Stärke kann in der Extremform auch eine Schwäche sein. Eine Lehrkraft mit hoher Kompetenz in der Zielorientierung des Unterrichts als Qualitätsmerkmal guten Unterrichts kann hohe erwünschte Auswirkungen erzielen. Eine zu stark ausgeprägt Stärke kehrt sich dann in eine Schwäche um. So könnte es bei zu hoher Zielorientierung im Unterricht der Fall sein, dass die Lehrkraft mit ihrer Lerngruppe den Weg zum Ziel vernachlässigt und die Prozessorientierung außer Acht lässt.

Ein anderes Beispiel zeigt, dass die als Stärke einer Lehrkraft benannte Gewissenhaftigkeit mit vielerlei positiven Auswirkungen flankiert ist. Dazu zählen genaues und evtl. kritisches Denken, Diplomatie, genaues überprüfen, Konzentration auf Kleinigkeiten usw. Eine Schwäche wird aus der Eigenschaft der Gewissenhaftigkeit in der Planung und Durchführung von Unterricht, wenn sie in der Dosierung und Auswirkung zu Kontrollwahn, Regelbesessenheit, pedantischem Bestehen auf Verlaufsplänen und Vereinbarungen, Angst vor Kontrollverlust, eher pessimistische Grundhaltung, usw. führen.

Insofern wird deutlich, dass die Beurteilung einer Kompetenz und Stärke einer Lehrkraft stark von der Perspektive und v.a. von ihrer Auswirkung in Schule und Unterricht abhängig ist.

Zur Vorbereitung auf ein Mitarbeiter- oder Entwicklungsgespräch ist es sinnvoll, dass sich die Gesprächsleitung zunächst selbst Gedanken macht über ihre Wahrnehmungen.

1. Das fällt der Lehrkraft leicht und besonders leicht...
2. Darin erzielt die Lehrkraft regelmäßig sehr gute Ergebnisse...
3. Darin erzielt die Lehrkraft regelmäßig sehr gute Ergebnisse, ohne dass sie sich dafür besonders anstrengen muss...
4. Diese Verhaltens- und Handlungsmuster unterstützen die Lehrkraft dabei, erfolgreich zu sein...
5. Diese Arbeiten oder welche Aufgaben bereiten der Lehrkraft Freude...
6. Diese Arbeiten oder welche Aufgaben motivieren die Lehrkraft besonders...
7. Diese Wünsche und Ansprüche hat die Lehrkraft an ihre berufliche Tätigkeit...
8. Diese Spezialgebiete hat die Lehrkraft, z. B. auch durch zusätzliche Aus- und Fortbildungen, auch im außerschulischen Bereich...

Hinweis: Diese Aufmerksamkeitsrichtungen dienen lediglich der Vorbereitung. Experte für das Erleben und Wahrnehmen der Stärken bleibt weiterhin die Lehrkraft selbst. Deswegen ist das dialogische stärkenorientierte Mitarbeiter- oder Entwicklungsgespräch mit dem Abgleich auch von Selbst- und Fremdwahrnehmung unabdingbar notwendig.

Während des Gesprächs hört die Gesprächsleitung aufmerksam zu und generiert dabei Informationen und stellt Hypothesen an

- Was hat die Lehrkraft zu dem Erfolg beigetragen?
- Worin genau haben sich die Stärken der Lehrkraft gezeigt?
- Welche seiner Denk- und Verhaltensmuster haben die Lehrkraft unterstützt?
- Welche individuellen Stärken lassen sich daraus für das Schul- und Unterrichtsleben ableiten?
- In welchen anderen (zukünftigen) Situationen lassen sich diese Stärken noch erfolgreich einsetzen?

Bedenken, die mit einer stärkenorientierten Mitarbeiter- oder Entwicklungsgesprächsformen einhergehen | 2.2

Stärkenorientierte Mitarbeiter- oder Entwicklungsgesprächsform klingt sehr vielversprechend und einleuchtend. Trotzdem sorgt die Anbahnung in die konkrete Praxis zuweilen für Skepsis, Sorgen oder Befürchtungen.

Bedenken 1: Kann man jetzt überhaupt noch Schwächen ansprechen? | 2.2.1

Die stärkenorientierte Gesprächsführung ist eine intime, wertschätzende und konstruktive Art, auch Optimierungsreserven der Lehrkraft anzusprechen. Ein befürchtetes Abwehrverhalten der Lehrkraft, die sich in ihrem Selbstwert bedroht fühlen könnte, verringert sich, weil die Stärkenorientierung grundsätzlich den Selbstwert der Lehrkraft im Rahmen der individuellen Bezugsnorm stabilisiert und fundierend steigert. Dies reduziert den Widerstand gegenüber potentiell kritisch anmutenden Rückmeldungen der Gesprächsleitung. Damit leistet die stärkenorientierte Gesprächsführung einen Beitrag, dass Lehrkräfte aus ihrer Sicht »problematische« Feedbackaspekte differenzierter und eher annehmen können.

Überlegenswert im Rahmen langjähriger Begleitung von Lehrkräften ist die Losada Rate, entdeckt von Marcel Losada. Die Losada-Rate beschreibt den sog. Positivitätsquotient, d. h. im Verhältnis zu jedem negativen Gefühl sind mehrere positive Gefühle notwendig, um ein positives inneres Gleichgewicht der Lehrkraft zu wahren. Dieses Verhältnis liegt bei mindestens drei positiven Emotionen gegenüber einer negativen Emotion. Erst ab einem Quotienten von 11:1 scheinen positive Bemerkungen nicht mehr ernst genommen zu werden.

2.2.2 *Bedenken 2: Die Selbstwahrnehmung der Lehrkraft weicht erheblich von der Fremdeinschätzung der Gesprächsleitung ab*

In manchen Fall weichen die Wahrnehmungen der Gesprächsleitung erheblich ab von denen der Selbstwahrnehmung der Lehrkraft. In diesem Fall ist sinnvoll, die eigenen Eindrücke als Gesprächsleitung mit konkreten Beispielen und in einem weiteren Schritt evtl. sogar Zeitangaben zu veranschaulichen.

In der Reflexion eines solchen Gesprächs sind folgende Aufmerksamkeitsrichtungen relevant:

- Inwieweit war dem Gesprächspartner der Ablauf der Mitarbeiter- oder Entwicklungsgesprächs vertraut?
- Hatten beide Gesprächspartner das gleiche Verständnis von zentralen Begriffen, z. B. Dienstpflicht, gestaltete Reflexion im Unterricht, …?
- Wie häufig hat der Gesprächspartner ein stärkenorientiertes Mitarbeiter- oder Entwicklungsgespräch erlebt und Rückmeldung in Form der abgleichenden Selbst- und Fremdwahrnehmung erhalten?
- Inwieweit ist sich der Gesprächspartner der Anforderungen, die sich an ihn stellen, bewusst?
- Welche Persönlichkeitsanteile des Gesprächspartners machen es ihm leicht, welche schwerer, für ihn gefühlt »heikle« Themen anzunehmen?
- Wie transparent und eindeutig sind die Kriterien und Merkmale, über die gesprochen wurde, damit der Gesprächspartner überhaupt die Möglichkeit hat, sich selbst wirklichkeitsnah einzuschätzen?

2.2.3 *Bedenken 3: Erleiden die Lehrkräfte bei in hohem Maße praktizierter Stärkenorientierung Realitätsverlust und Bodenhaftung?*

Ein Bewusstsein für die eigenen Stärken als Lehrkraft fördert grundsätzlich die Motivation, sich konstruktiv mit den Anforderungen im Lehrberuf auseinanderzusetzen und schafft Zuversicht und Vorvertrauen, auch anspruchsvollere Herausforderungen aus eigener Kraft bewältigen zu können. Erfolgt das stärkenorientierte Mitarbeiter- oder Entwicklungsgespräch mit der Verknüpfung der Wahrnehmungen mit Bezug zu konkreten Anlässen und Situationen, wird ein (Miss-/Erfolgs-) Zusammenhang transparent und für die Lehrkraft nachvollziehbar. Diese Verknüpfung »Wahrnehmung am konkreten Beispiel« erhöht die Wahrscheinlichkeit, dass sich die Lehrkraft zunehmend realistischer einschätzen lernt und sich anderen Wahrnehmungen öffnen kann.

Bedenken 4: Bei der Lehrkraft sind keine Stärken aufzuspüren 2.2.4

Manchmal scheint es für die Gesprächsleitung nicht einfach, Stärken der Lehrkraft wahrzunehmen. Hier gilt es zunächst, grundsätzlich anzuerkennen, dass die Lehrkraft »Experte und Spezialist« für ihr eigenes Leben und Handeln ist. Die Reflexionsfragen: »Was würde der Schule fehlen, wenn die Lehrkraft nicht mehr dort arbeiten würde?« und »Welchen Beitrag leistet die Lehrkraft zu einem gelingenden Schul- und Unterrichtsleben?« sind Spürhunde zum Auffinden noch durch die Wahrnehmung der Gesprächsleitung verdeckten Stärken. Sind trotzdem keine den Schutzbetrieb stützenden Stärken zu eruieren, sollte auch im Rahmen der Fürsorgepflicht den Schülern gegenüber aber auch gegenüber der Lehrkraft im Rahmen der Lehrergesundheit angedacht werden, ob die Lehrkraft in diesem Tätigkeitsfeld an der passenden Stelle ist.

Bedenken 5: Ruhen sich Lehrkräfte bei praktizierter Stärkenorientierung nicht auf ihren Lorbeeren aus? 2.2.5

Es ist nur ein scheinbarer Widerspruch, dass man zum einen die Stärken einer Lehrkraft im Rahmen einer individuellen Bezugsnorm anerkennt und zum anderen keine Entwicklungsfelder in diesem Bereich aufzeigt. Das Feedback von Stärken erleichtert es dem Gesprächspartner, sich aktiv mit Aspekten, die auf seine Entwicklungsfeldern hinweisen, auseinanderzusetzen. In der Praxis erleben wir es eher, dass sich Gesprächspartner, die ihre Stärken erfasst haben, sogar noch mehr angesporınt werden, sich noch anspruchsvolleren Zielvorstellungen anzunähern und bereit sind, dafür weiteren Aufwand zu betreiben.

Der stärkenorientierte Ansatz protegiert Lernakzelerationen, weil er den Gesprächspartner gegen Versagenssorgen stabilisiert und Vermeidungsverhalten reduziert. Zusätzlich motiviert er, sich auf neue Prozesse einzulassen und bewältigungsorientiert anzugehen.

Bedenken 6: Wenn man Stärkenorientierung verfolgt, erwarten die Lehrkräfte dann nicht auch sehr gute Beurteilungsstufen und Leistungsprämien? 2.2.6

Dieser Erwartungseffekt lässt sich nicht zu 100 % vermeiden. Deswegen sollte Transparenz hergestellt werden. Lehrkräfte werden angemessen und i. d. R. sehr gut für ihren Beitrag zum qualitativ hochwertigen Schul- und Unterrichtsleben bezahlt. Abhängig von diesem Leistungsbeitrag erhalten Lehrkräfte zusätzlich je nach Bundesland auch Leistungsprämien. Lehrkräfte werden für den Leistungsbeitrag bezahlt. Stärken zeigen eher die Art und Weise, wie dieser Beitrag zustande kommt.

3 Frageformen zur Identifikation von Stärken als Zugang zum unterstützenden Konsolidieren und Weiterentwickeln von Stärken bei Lehrkräften

Stärkenorientierte Gesprächsführung mit interessanten Fragen sind ein geeignetes Führungsinstrument. Eine interessante Frage erkennt man daran, dass sie das Gegenüber zum Nachdenken bringen und nicht sofort beantwortbar sind. Diese interessanten Fragen sind ein Mittel der Gesprächsleitung mit der Lehrkraft hinter das vordergründig Scheinbare zu blicken, um sich auf eine andere Art und Weise als dem bloßen Aufzählen von Stärken zu begnügen, sondern z. B. die Geschichte der Genese der Stärken und deren Auswirkungen zu betrachten. Dadurch erfährt die Lehrkraft mehr über sich, sie findet heraus, was sie braucht, was andere möchten und brauchen, versuchte Lösungen im Rahmen der Stärkenorientierung werden zusätzlich sichtbar und es eröffnen sich neue Perspektiven, die emotional und motivational das weitere Handeln stärkenflankiert stützen können.

Stärkenorientierte Gesprächsführung unterscheidet sich u. a. von beiläufigen Unterhaltungen über Schul- und Unterrichtsleben im Lehrerzimmer dadurch, dass mit ihnen das konkrete Ziel der Abgleichung von Wahrnehmungen und deren Weiterführung verfolgt wird. Die Haltung der Gesprächsleitung ist dabei u. a. von fünf Aspekten geprägt:

Aktives Zuhören
Aktives Zuhören setzt voraus, den anderen überhaupt ausreden zu lassen, ohne sofort zu bewerten.

Offenheit
Auch Gesprächsleitungen haben Gefühle, die sie im kompetenzorientierten Unterrichtsnachgespräch auch spontan ausdrücken können. Wichtig ist allerdings dabei, diese Gefühle und Bedürfnisse als eigene Einstellungen und Emotionen wahrzunehmen und nicht die unterrichtende Lehrkraft dafür verantwortlich zu machen.

Respekt
Respekt vor der Person der unterrichtenden Lehrkraft, deren professioneller Meinung und Leistung in ihrem Status als Fachkraft für ihren Unterricht und Einsatz in Schule und Unterricht sind i.d.R. die inhaltliche Grundlage der zwischenmenschlichen Kommunikation.

Empathie
Die Gesprächsleitung achtet die Gedanken und Gefühle der Lehrkraft. Sie stellt ihre eigenen Meinungen, Wertungen und Emotionen zurück und klärt, ob sie die Ausführungen der Lehrkraft richtig verstanden haben.

Ich-Botschaften
Gemeint sind hier Aussagen über eigene Wahrnehmungen und Deutungen der Gesprächsleitung, z. B. zum gesehenen Unterricht. In der Ich-Form formuliert, wird ein Erzählen ermöglicht, ohne jemandem dabei eine Schuld zuzuweisen oder im Voraus festzulegen, wie es die Lehrkraft gemeint hat. Es wird ausgedrückt, wie eine Aussage oder Handlung bei der Gesprächsleitung angekommen ist, bzw. was sie in ihr ausgelöst hat. So ist es weniger wahrscheinlich, dass sich die Lehrkraft angegriffen fühlt und es stehen ihr damit mehr Reaktionsmöglichkeiten offen.

Im Folgenden ist ein Reflexionsbogen für die Hand der Gesprächsleitung, mit Hilfe dessen sie sich zunächst unreflektiert mit einer Gesprächssituation konfrontiert und ein spontanes Erstverhalten notiert.

Es sind mögliche Denk- und Handlungsalternativen beschrieben.

Diese Frage oder diesen Impuls kann ich in stärkenorientierten Gesprächen einsetzen ...						
Situation	**Handlungsimpuls**	**Persönliche Bewertung und Anmerkung**				
1. Bei Lehrkräften, die nur von Problemen, Schwierigkeiten und weiteren ausweglosen Situationen erzählen ...	... sage ich als Erstverhalten ... Vorgeschlagener Impuls Seite 29:	☺☺	☺	😐	☹	☹☹
2. Bei Lehrkräften, die in ihrer eigenen Sichtweise verhaftet bleiben und den Blick für das große Ganze verloren haben oder zu verlieren drohen ...	... sage ich als Erstverhalten ... Vorgeschlagener Impuls Seite 30:	☺☺	☺	😐	☹	☹☹
3. Bei emotional belasteten Lehrkräften und Situationen ...	... sage ich als Erstverhalten ... Vorgeschlagener Impuls Seite 31:	☺☺	☺	😐	☹	☹☹
4. Bei Lehrkräften, die einen ersten Handlungsschritt zur Weiterarbeit benötigen ...	... sage ich als Erstverhalten ... Vorgeschlagener Impuls Seite 32:	☺☺	☺	😐	☹	☹☹
5. Bei Lehrkräften, die Schwierigkeiten haben, Fortschritte zu erkennen, ...	... sage ich als Erstverhalten ... Vorgeschlagener Impuls Seite 33:	☺☺	☺	😐	☹	☹☹

6. Bei Lehrkräften, für die aus ihrer Perspektive keine Lösung in Sicht ist und die Lehrkraft aber an Weiterentwicklung interessiert ist ...	... sage ich als Erstverhalten ... Vorgeschlagener Impuls Seite 34:	☺☺ | ☺ | 😐 | ☹ | ☹☹
7. Bei Lehrkräften, deren Probleme mit Angst verbunden sind und bei Lehrkräften mit Überlastungsanzeichen ...	... sage ich als Erstverhalten ... Vorgeschlagener Impuls Seite 35:	☺☺ | ☺ | 😐 | ☹ | ☹☹
8. Bei Lehrkräften, bei denen sich die Rahmenumstände von Unterricht nicht ändern lassen ...	... sage ich als Erstverhalten ... Vorgeschlagener Impuls Seite 36:	☺☺ | ☺ | 😐 | ☹ | ☹☹
9. Bei Lehrkräften, die zwischen zwei Handlungsmöglichkeiten stehen ...	... sage ich als Erstverhalten ... Vorgeschlagener Impuls Seite 37:	☺☺ | ☺ | 😐 | ☹ | ☹☹
10. Bei Lehrkräften, die die selbst entstandenen Situationen in höherem Anteil mitverschuldet haben ...	... sage ich als Erstverhalten ... Vorgeschlagener Impuls Seite 38:	☺☺ | ☺ | 😐 | ☹ | ☹☹
11. Bei Lehrkräften, deren Veränderungsprozesse noch besser in Gang gebracht werden sollen ...	... sage ich als Erstverhalten ... Vorgeschlagener Impuls Seite 39:	☺☺ | ☺ | 😐 | ☹ | ☹☹

1 Fragen nach Ausnahmen	
Grundidee	Es werden Situationen fokussiert, die nicht »problembehaftet« sind. Diese werden näher betrachtet als Ausgangspunkt für Veränderung genommen. Indem Ausnahmen erkundet werden, wird die Lehrkraft von der Gesprächsleitung unterstützt, frühere und aktuelle Erfolge bewusster wahrzunehmen. Mit jeder Ausnahme wird ein (Teil-) Erfolg und eine Stärke sichtbar und erhöht eine bewältigungsorientiert(ere) Einstellung der Lehrkraft für zukünftige Situationen gleicher Art.
Tipps zum Einsatz für die Gesprächsleitung	• Auch wenn sich zunächst keine Ausnahme finden lässt, weiter fragen und als Gesprächsleitung nicht zu schnell nachgeben, ob sich nicht doch eine Ausnahme finden lässt, mit der weiter gearbeitet werden kann. • Darauf achten, dass sich diese Fragen auf die letzte Zeit bezieht, weil Ausnahmen, die kürzer vergangen sind, nützlicher in der Betrachtungsweise sind, als bereits lange zurückliegende. • Hat die Lehrkraft eine Ausnahme gefunden, nach Details und Einzelheiten fragen »Wer, was, wann, wo, ... in der Ausnahmezeit) und in welcher Weise sich diese Ausnahmezeitspanne von der Problemzeit unterscheidet. • Geduld haben, nicht immer fällt es diesen Lehrkräften leicht, zeitnah Ausnahmen zu finden. Geduld der Gesprächsleitung zahlt sich aus. • Aufgabe der Gesprächsleitung ist es, die Ausnahmezeiten zusammenzufassen, um sie spiegeln und »nacherlebbar« zu machen. Diese Zusammenfassung ist der Rohstoff für die Weiterarbeit. • Kombiniert man die Frage nach Ausnahmen mit der Skalierungsfrage (vgl. Punkt 3.4.), wird es oft leichter noch weitere Ausnahmen zu finden. • Nicht zu früh, die Handlungen, die bei einer Ausnahme erfolgreich zum Ziel geführt haben als schnelle erste Lösung verwenden. Oftmals fällt es Lehrkräften überhaupt zum ersten Mal auf, dass es Ausnahmen gibt und zweifeln evtl., dass es tatsächlich eine Ausnahme war. Stattdessen ist ein Gespräch über die Bedeutung der Ausnahme und ihre Folgen zielführender.
Vorgehen	Die Lehrkraft beschreibt ganz konkret, wie sie die »Ausnahmesituation« erlebt, was sie selbst dazu beigetragen hat und welche Auswirkungen bei allen an der Situation Beteiligten zu spüren sind.
Beispielfrage	Erzählen Sie mir bitte von Unterrichtssituationen, wo es nicht so war (z.B. dass die Kinder sich an keine Regeln gehalten haben und sie deswegen kaum zum Unterrichten gekommen sind). *Folgefragen: Was haben Sie in dieser Zeit (anders) gemacht? Wie haben Sie es bewerkstelligt, dass die Schwierigkeit nicht aufgetreten ist? Wie noch? Wie noch? Wie ist diese Ausnahme zustande gekommen?*

2 Zirkuläres Fragen	
Grundidee	Weitere (nichtanwesende) Personen aus dem Umfeld der Lehrkraft werden indirekt mit einbezogen. Dies ist deshalb sinnvoll, weil systemisch betrachtet nicht nur die Lehrkraft ihre Perspektive und Erwartungen mitbringt, sondern auch die anderer an Schulsituationen Beteiligter. Die zirkuläre Frage hilft der Lehrkraft, ihre eigene Welt durch die Augen anderer zu betrachten und dadurch neue Perspektiven zu erschließen. Dadurch wird eine Empathiefacette angestoßen und das eigene Erleben der Lehrkraft durch das Erleben und Wahrnehmen durch die Perspektive anderer erweitert und differenzierter. Gleichzeitig fließt immer die Perspektive der Lehrkraft mit ein. Wie mit einem Zirkel wird ein Kreis und die an der Schulsituation Beteiligten gedreht und so systemisch ein kompletteres Bild der Situation gestaltet. Feste Überzeugungen der Lehrkraft werden so aufgeweicht, evtl. bestehende Zusammenhänge transparenterer gemacht für die Weiterarbeit.
Tipps zum Einsatz für die Gesprächsleitung	• Es entsteht ein größeres Gesamtbild, das hilft, klarere Entscheidungen zu treffen. • Ebenfalls gut einsetzbar, um die Stimmung aufzuhellen, je nachdem, wer indirekt miteinbezogen wird. • Den (nichtanwesenden) Personen kann auch ein Symbol zugeordnet werden, dass mit an den Tisch gesetzt wird (falls es gegenständlich ist) oder mit als kleine Skizze einen »Platz« in der Gesprächsrunde, vielleicht sogar einfach mit einem leeren Stuhl, auf dem das Symbol imaginiert wird, erhält. • Nicht immer kommen Lehrkräfte freiwillig zu einem Gespräch, manchmal wird es von bestimmten Seiten der Lehrkraft nahegelegt. Diese Erwartungen anderer bringt die Lehrkraft mit. Insofern ist es sinnvoll, zu fragen, wer oder was die Idee oder der Beweggrund für das Gespräch ist, wenn es nicht durch formale Vorgaben justiert ist. • Am Ende eines Gesprächs mit zirkulären Fragen kann es sich lohnen zu fragen: »Und wer, der oder die bis jetzt noch nicht zu Wort kamen, hat eventuell noch eine andere Perspektive auf die Situation?«
Vorgehen	Die Lehrkraft wird zu Sichtweisen anderer (nichtanwesender) Personen gefragt.
Beispielfrage	• Wenn Sie Ihre Schüler fragen würden, was würden diese sagen, was sie sich als Lernende in der Situation gewünscht hätten? Was genau? Wer? Wann? Wo? Wie? Warum? • Woran können andere erkennen, dass das vorher Genannte eine Stärke von Ihnen ist? Woran noch? Woran noch? Woran noch? • Wenn Sie die Eltern Ihrer Schüler fragen würden, woran können diese erkennen, dass Sie das vorher Genannte gut und sehr gut gemacht haben? Was würden die Eltern sagen, wie Sie das schaffen? • Wenn Sie an sich und an Ihre Schüler denken, was müsste in der Zusammenarbeit erreicht werden, dass beide Seiten zufrieden sind? • Welches Ergebnis müsste unser Gespräch haben, dass z. B. die Schüler sagen, das Gespräch hat sich gelohnt? • Wenn Sie die Erwartungen der Lehrerkollegen betrachten, welche dieser Erwartungen decken sich am meisten mit Ihren?

3 Reframing	
Grundidee	Die Lehrkraft entdeckt eine weitere Möglichkeit eine Situation des Unterrichts neu zu sehen und stärker als »neue Aufgabe« und »Herausforderung« anzunehmen und sich dabei auch von der Situation zu distanzieren. Durch die neue Perspektive werden einer Situation auch erweiterte Facetten der Deutung ermöglicht. Reframing stellt im größeren Rahmen die gute Absicht hinter ein Erlebnis oder eine Handlungsfolge und macht eine Verhaltensänderung gezielter und lösungsorientierter möglich. Es wird versucht die (negativen) Gedanken um eine »objektive« Situation als Hinweisschild für einen bereits erfolgreich praktizierten Schritt zur Bewältigung zu formen, indem differenzierter und chancenorientierter mit Blick auf die Stärken der Lehrkraft diese »objektive« Situation neu mit erweitertem Gedankengut gedeutet wird. Hierbei formt die Sprache auch das Denken und Erleben der Lehrkraft. Durch das Reframing gelingt es der Lehrkraft, sich emotional, räumlich und/oder sozial zu distanzieren, was die bewältigungsorientierenden Aspekte zur Zielorientierung hin mit den Stärken der Lehrkraft unterstützt.
Tipps zum Einsatz für die Gesprächsleitung	• Zur emotionalen Entlastung der Lehrkraft: Die Lehrkraft wird eingeladen, die jeweilige, manchmal auch ausweglos scheinende Situation als Chance zu begreifen. Dies motiviert zu neuen Sichtweisen und Handlungsschritten. • Die Lehrkraft einladen, die jeweilige Situation aus dem Schul- und Unterrichtsleben nicht (nur) als Problem, sondern auch als Chance und Herausforderung zur Bewältigung zu sehen. • Die Lehrkraft kann sich immer wieder neu entscheiden, wie sie die Situation betrachten möchte, sie ist der Situation nicht hilflos ausgeliefert und kann sich von der Problemorientierung entfernen. • Lässt sich ein Anteil in der Lehrerpersönlichkeit personalisieren, kann mit diesem direkt gesprochen werden. • Sprache prägt das Erleben – die Gesprächsleitung versucht die negativen Aspekte, die von der Lehrkraft genannt werden, zu positivieren. • Die Gesprächsleitung muss nicht immer selbst Aussagen formulieren – das Verwenden von: Ein erfahrener Kollege hat immer gesagt, dass..., lässt nicht die Meinung des Coaches im Raum stehen, die u. U. zu einem Abwehrverhalten der Lehrkraft reizt. • Die Übersetzung von Aussagen in eine positive Richtung kann begonnen werden mit: Mit anderen Worten, Sie ...«.
Vorgehen	Wenn z. B. der Lehrkraft ihr zu Irritationen in der Klasse führendes sehr kleinschrittiges Stellen von Arbeitsaufträgen bewusst ist, spricht die Gesprächsleitung die guten Absicht dahinter an: »Wenn Sie *dies (=Verhalten)* schon über einen längeren Zeitraum so machen, dann ist es ja vorstellbar, dass es irgendwann einmal hilfreich war, um etwas grundzulegen *(=Absicht)*...«.
Beispielfrage	Darf ich Sie zu einer neuen Sichtweise einladen: Wenn die erlebte Situation eine kluge Beraterin ist, was will sie Ihnen damit sagen? Wenn das Problem eine Etappe auf dem Weg zum Ziel ist, welche Etappen haben Sie bereits erfolgreich gemeistert? Positive Übersetzung von Aussagen der Lehrkraft: (Lehrkraft): Mit Projektunterricht habe ich noch keine Erfahrung im Vergleich zu den anderen Kollegen. (Gesprächsleitung): Sie haben das größte Potential dazuzulernen und sind noch nicht in feste Schemata gepresst. Was verändert sich, wenn Sie die Situation unter diesem Aspekt betrachten?

4 Einschätzungsskala	
Grundidee	Die Lehrkraft wird eingeladen, sich selbst auf einer Skala einzuschätzen und zu positionieren, um von diesem Standpunkt aus weitere Handlungsschritte zum Fortschreiten zu entwickeln. Im Zusammenhang mit stärkenorientierter Gesprächsführung wird evaluiert, was denn an Kompetenzen schon vorhanden ist, von denen aus man Handlungspläne weiterentwickeln kann. Gleichzeitig werden komplexe Situationen vergangener oder zukünftiger Art ausgedrückt und damit für die Lehrkraft konkreter und weniger abstrakt. Skalierungsfragen geben Lehrkräften im Rahmen stärkenorientierter Gesprächsführung die Möglichkeit, sich selbst in eine gewünschte Richtung zu erklären. Die Skala bietet die Möglichkeit einer subjektiven und intuitiven Selbsteinschätzung der Gegenwart und von Veränderungen. Selbst kleine Schritte und Annäherungen an eine Zielvorstellung können gewürdigt werden und diese gelingen aus eigener Stärke heraus. Die Skala bietet ebenfalls die Möglichkeit zu eruieren, welche Ressourcen noch da sind (v. a., wenn die Skala nicht bei Null, sondern bei Eins beginnt).
Tipps zum Einsatz für die Gesprächsleitung	• Je nach Situation sind auch sehr kleine Schritte schon ein Fortschritt. • Kann sehr gut mit dem Einschätzen anderer (nichtanwesender) Personen kombiniert werden (vgl. Zirkuläres Fragen). • Die Skala nicht mit Null anfangen, die 1 impliziert bereits ein Können und einen Fortschritt. • Die Skalierungsfragen können nahezu auf alle wahrgenommenen oder hypothetischen Situationen angewendet werden. • Skalierungsfragen sind auch eine Möglichkeit, Ausnahmen im Erleben der Lehrkraft zu entdecken. • Skalierungsfragen veranschaulichen, wenn mehrfach auf den gleichen Bereich und in zeitlichen Abständen eingesetzt, Veränderungen im Handeln und/oder Erleben der Lehrkraft und machen diese Veränderungen deutlicher. • Im Rahmen stärkenorientierter Gesprächsführung lohnt es sich, Bewältigungsorientierung, Vertrauen und Zuversicht skalieren zu lassen. • In Verbindung mit einer zirkulären Frage (Wenn wir Ihren Lieblingskollegen fragen würden, wie weit Sie sich Ihrem Ziel angenähert haben, wo würde er Sie auf einer Skala von eins bis zehn einordnen? • Sich auf eine Zahl festzulegen, fällt manchen Lehrkräften schwer. Sie benennen dann z. B. 5,5. Die Folgefrage wäre dann: »Was muss sich verändern, dass sich die Situation um eine halbe oder ganze Stufe steigert?« • Die Skalierungsfrage ist universell und kann z. B. auf die Persönlichkeit, Zielannäherung, Prozessqualität, emotionales Erleben u. a. m. angewandt werden.
Vorgehen	Der Lehrkraft wird zu einer bestimmten Thematik eine Skala von 1 (sehr wenig) bis 10 (sehr hoch) eröffnet, auf der sie sich einordnen soll.
Beispielfrage	• Stellen Sie sich bitte eine Skala von 1-10 vor. 1 ist, »Ich habe gar kein Handlungswissen über die Möglichkeit eine Situation, die ich mir ausgewählt habe (z. B. Verringerung des Geräuschpegels in der Stillarbeitsphase) zu ändern« und 10 ist, »Ich habe sehr hohes Handlungswissen darüber, die von mir gewählte Situation zu ändern«. Kombination mit zirkulärem Fragen: Wenn Ihre Schüler Sie einschätzen sollen auf einer Skala von 1 bis 10 ... Verglichen mit unserem Gespräch von vor drei Wochen, wie schätzen Sie jetzt (...) ein? Was haben Sie getan, dass es genau zu dieser Einschätzung gekommen ist?

5 Beobachtungsauftrag	
Grundidee	Ein gezielter Beobachtungsauftrag lenkt den Blickwinkel und bestimmt den Wahrnehmungskegel der Lehrkraft. Beobachtungsaufträge im Zusammenhang mit stärkenorientierter Gesprächsführung legen den Fokus auf bereits Gelungenes oder als zu gelingen Erwartendes. Diese Aufgabe ist i.d.R. erfolgreich, weil es (fast) immer etwas Positives zu entdecken gibt. Dadurch verändert sich die Wahrnehmung von etwas bislang nur Negativem mit nun angereichert Positivem. Dies stärkt die Bewältigungsorientierung der Lehrkraft, motiviert und macht »subjektiv Bedrohliches« weniger erschreckend, weil es i.d.R. darum geht, etwas Gutes zu finden, statt Probleme zu vertiefen und sich im (emotionalen) Kreis zu drehen.
Tipps zum Einsatz für die Gesprächsleitung	• Beobachtungsaufträge steigern die Motivation, wenn Sie auf Erfreuliches gerichtet werden. Getreu dem Motto: »Lieber Schätze finden, als Fehler suchen!« • Erlaubnis einholen, ob man eine »Beobachtungs(haus)aufgabe« stellen darf. • Keine Defizite beobachten lassen! Dies verstärkt die Problemorientierung. • Der Beobachtungsauftrag kann für die eigene Wahrnehmung der Lehrkraft formuliert sein, aber auch zur Wahrnehmung an anderen Personen (»Achten Sie darauf, was sich bei Ihren Schülern verändert...!«). • Eignet sich besonders bei defizitorientierten Lehrkräften. • Mögliche Folgefrage für den Beobachtungsauftrag: Wie haben Sie das geschafft?
Vorgehen	Die Lehrkraft wird eingeladen, sich selbst und/oder andere genauer zu beobachten.
Beispielfrage	»Beobachten Sie bitte, ob Sie mit dem, was Sie sich vorgenommen haben, bereits kleine Wirkungen erzielen.« »Beobachten Sie doch einmal genau, was Sie tun, wenn das Phänomen einmal nicht auftritt!« »Achten Sie bitte darauf, was Ihnen am Verhalten von Schüler XY gut gefällt, auch wenn er Ihnen manchmal den letzten Nerv raubt.«

6 Wunderfrage	
Grundidee	Die Lehrkraft stellt sich vor: In der Zukunft wird es eine Lösung geben. An dieser, wird hypothetisiert, hat die Lehrkraft aktiv mitgearbeitet. Die Wunderfrage lenkt das Augenmerk auf die Lösung eines Problems der Lehrkraft und zugleich auf die Auswirkung der Lösung für die Lehrkraft. Anders als bei einer reine Zielformulierung geht es bei der Wunderfrage um das »Ziel/Bedürfnis hinter dem Ziel/Bedürfnis«. Die Lehrkraft wird durch die Metapher des Wunders befreit von ihren gedanklichen Grenzen und beschreibt zukünftige Lösungsstadien.
Tipps zum Einsatz für die Gesprächsleitung	• Dieser Impuls eignet sich besonders gut, wenn scheinbar gar keine Lösung in Sicht ist und die Lehrkraft aber an Weiterentwicklung interessiert ist. Das »Wunder« sprengt dann die Grenzen der Vorstellungskraft und eröffnet neue Perspektiven. • Der Entwicklungsraum, diese Idee der Lösung in der Zukunft erlebbar zu machen und sich in der Vorstellung genau auszumalen geht nicht in zwei Minuten, sondern braucht erfahrungsgemäß etwas Zeit. • Die Wunderfrage ist sicher nicht die erste Frage, die im Rahmen stärkenorientierter Gesprächsführung zum Zuge kommt. • Die Wunderfrage trägt am meisten Früchte, wenn Hoffnung und Energie der Lehrkraft zum positiven Verändern spürbar ist. • Eine Aufteilung eines großen Wunders in kleine Wunder ist für das Erleben der Lehrkraft sinnvoll und bedeutet eine Annäherung an eine Zielvorstellung. • Die Frage eignet sich besonders bei unklaren Zielen, Formulierungsschwierigkeiten zur Zieldefinition, Gefühlen von Ohnmacht und Hilflosigkeit.
Vorgehen	Die Lehrkraft wird gebeten sich ganz genau und konkret vorzustellen, wie die »Schulwelt« aussähe, wenn sich dieses Wunder ereignet, wie es sich anfühlt, woran man das Wunder erkennt usw.
Beispielfrage	Mal angenommen, es ereignet sich ein Wunder. Die Schwierigkeiten, die vor Ihnen liegen, sind mit einem Mal weg. Woran erkennen Sie, dass das Wunder geschehen ist, bei sich und auch bei anderen? Was werden Sie nach dem Eintreten des Wunders nun beibehalten, was werden Sie anders machen? Kombiniert mit einer zirkulären Frage: Wer von den anderen wird nach Ihnen bemerken, dass ein Wunder geschehen ist? Woran?

7 Externalisieren	
Grundidee	Externalisieren beschreibt den Prozess der Verlagerung von Gefühlen, Motiven oder Zuschreibungen nach außen als externer Teil unabhängig von der Person der Lehrkraft. Diese Auslagerung führt quasi ein Eigenleben. Der Konflikt einer Lehrkraft wird grammatikalisch in der dritten Person verbalisiert. Damit wird eine Distanzierung vom Problem ermöglicht. Zusätzlich wird ein Problem der Lehrkraft und die persönliche Identität unterschieden und damit die Muster der Beschreibungen zerstört, über die das Problem sonst aufrechterhalten würde. Ein neues Erzählen wird angeregt, in dem neue Facetten deutlich werden. Grundsätzlich ist aber das Problem das Problem und nicht die Lehrkraft als solche, die weiterhin willkommen bleibt. Durch das Externalisieren kommt es zu einer Verbildlichung, in der die gegenseitigen Einflüsse von Problem und Lehrkraft transparent und das Problem als außerhalb der Person angenommen wird.
Tipps zum Einsatz für die Gesprächsleitung	• Dadurch, dass das Problem nach außen verlagert wird, wird eine Schwierigkeit der Lehrkraft konkreter und greifbarer. Vorteilhaft ist, wenn für diese »Außenprojektion« von der Lehrkraft ein konkretes Symbol gefunden (z. B. Stein, Kampfhund, Blume, Nagel ...) oder auf Papier aufgezeichnet wird. Mit diesem Symbol oder der Zeichnung kann dann kommuniziert werden (Der Kampfhund/»innere Schweinehund« wird auch mal weggesperrt oder mit Leckerli gelockt, ...). • Ein konkreter Name oder ein Symbol eignet sich sehr gut für die Weiterarbeit und Anknüpfung. • Eine sich anschließende Folgefrage nach erfolgreicher Externalisierung ist die Frage nach Ausnahmen oder »Vor was bewahrt Ihre Herausforderung Sie aber auch?« • Eine weitere Form der Externalisierung ist die Visualisierung mit Aufstellungen. Dabei geht es darum, eine Situation aus dem Schul- und Unterrichtsleben konkret, z. B. mit Spielfiguren im Raum aufzustellen und so das Bezugssystem der Lehrkraft aus ihrer Perspektive darzustellen. • Abfolge der Externalisierung: 1. Beschreibung des Problems 2. Dem Problem einen Namen und/oder ein Symbol zuordnen 3. Differenzierung des Problems als Externa außerhalb der Lehrkraft 4. Gestaltung der Situation mit dem Problem als Externa in der Interaktion mit der Lehrkraft.
Vorgehen	Die Lehrkraft wird gebeten, die Schwierigkeit genau zu betrachten, ein Symbol dafür zu finden und zu überlegen, was man mit dem gefundenen Symbol machen kann, z. B. in welchen Situationen das Symbol auch eine Hilfe sein kann ist, andererseits, wann es aber auch nicht angebracht ist, sich von dem Symbol beherrschen zu lassen.
Beispielfrage	»In welchen Situationen taucht das Problem auf?« »Wie merken Sie, dass es wieder da ist?« »Schauen Sie sich die Schwierigkeit genau an. Welches Symbol, welcher Gegenstand, welche Farbe passt genau dazu? Lassen Sie sich Zeit, etwas zu finden. (...) Beschreiben Sie das Symbol genau. Welche Sinne spricht es besonders an?« »Wenn Ihre Herausforderung ein Mensch bzw. Gegenstand oder Phantasiewesen wäre, was wäre es dann?« »Wenn Ihre Herausforderung bei uns Platz nehmen würde, wie sähe es aus? ... Wie fühlt es sich an, wenn Ihre Herausforderung gegenüber sitzt und nicht in Ihnen selbst?«

8 Ressourcen- und Unterstützerfrage	
Grundidee	Manchmal sind Lehrkräfte wie Rosenzüchter. Sie sehen vor lauter Stacheln (Probleme der Lehrkraft) die Rose selbst (die eigenen Stärken und Kompetenzen der Lehrkraft) nicht mehr. Durch eine Gedankenreise in die Vergangenheit werden die »Rosenblüten« als Stärken der Lehrkraft wieder in den Mittelpunkt der Wahrnehmung gerückt. Dabei können auch wichtige Personen, die die Lehrkraft in ihrem Lebensweg unterstützt haben, eine Bedeutung bekommen. Ressourcen- und Unterstützerfragen basieren auf der Vorstellung, dass jede Lehrkraft über beachtenswerte Stärken verfügt, sie sich dessen aber nicht immer bewusst ist und/oder die Stärken von den Schwächen überstrahlt werden. Auch wenn es banal klingt: Nur wenn die Lehrkraft ihre Stärken im Bewusstsein hat, kann sie diese auch gezielt einsetzen. In einem zweiten Schritt wird noch das Umfeld der Lehrkraft näher betrachtet: Wer oder was hat die Lehrkraft darin unterstützt so weit zu kommen, wie sie gekommen ist? Wer oder was kann die Lehrkraft in Gegenwart und Zukunft unterstützen?
Tipps zum Einsatz für die Gesprächsleitung	• Besonders gut geeignet, wenn sich die Rahmenumstände von Schul- und Unterrichtsleben nicht ändern lassen. • Ressourcen und Stärken sind manchmal versteckt. Dann lohnt es sich danach zu fragen, wann und unter welchen Umständen die Herausforderung pausiert. • Es kann auch eine Ressource sein, von Seiten der Gesprächsleitung die Leistung der Lehrkraft zu würdigen, dass sie trotz (gefühlt) widriger Umstände, bisher so gut gearbeitet hat. • Kombiniert mit einer Externalisierung (vgl. Punkt 3.7) erhält die Ressource und Stärke eine Gestalt, mit der sich gut weiterarbeiten lässt in der stärkenorientierten Gesprächsführung.
Vorgehen	Die Lehrkraft wird gebeten, vergangene Erfolge, seien es kurz- mittel- und/oder langfristige, zu benennen und zu beschreiben, was genau und/oder wer dazu beigetragen hat, dass es Erfolge wurden.
Beispielfrage	Die Situation mit Ihren erziehungsschwierigen Schülern ist nicht leicht. Wie gelingt es Ihnen trotzdem, dass die Schüler etwas lernen? Wer war auf Ihrem bisherigen Weg ihr Begleiter und Unterstützer? Was genau hat er an Ihnen geschätzt? Woran haben Sie das gemerkt? Angenommen, es gäbe bei Ihnen einen Schrank der Erinnerungen, indem Ihre schulischen »Erfolge, Urkunden und Pokale« sind, alles was Sie bisher erfolgreich gemeistert haben. Sie können drei Teile herausnehmen, die Ihnen jetzt in Ihrer Situation am meisten helfen könnten. Welche Erfolge, Urkunden und Pokale wären das?

9 Entscheidungsfragen	
Grundidee	Um eine gute Entscheidung treffen zu können, braucht es Mut und Selbstvertrauen der Lehrkraft, um eine solche zu treffen. Dabei wird im Rahmen der stärkenorientierten Gesprächsführung an erfolgreich getroffene Entscheidungen der Lehrkraft erinnert, um die Bewältigungsorientierung und Zuversichtlichkeit der Lehrkraft zu erhöhen.
Tipps zum Einsatz für die Gesprächsleitung	• Steht die Lehrkraft zwischen zwei Handlungsmöglichkeiten, ist es sinnvoll, dass die Gesprächsleitung die zwei Möglichkeiten klar benennt, um eine bewusste(re) Entscheidung vor dem Hintergrund erfolgreich getroffener Entscheidungen möglich zu machen. • Das Aufstellen von zwei Gegenständen im Raum, die symbolisch für die eine Entscheidung und die andere Entscheidungsmöglichkeit stehen, ist eine gute Handlungsmöglichkeit der Gesprächsleitung. An diese beiden Möglichkeiten kann sich die Lehrkraft räumlich annähern, um eine Entscheidungstendenz transparenter zu machen und/oder aber auch »näher« dran an der Entscheidung zu sein und Auswirkungen der Entscheidung bewusst(er) anzunehmen. • Gelingt es der Lehrkraft die Perspektive erfolgreich getroffener Entscheidungen einzunehmen, wird es ihr leichter fallen, selbstbewusst eine Entscheidung zu treffen. Im Rahmen stärkenorientierter Gesprächsführung ist es deswegen sinnvoll, eine Vielzahl an erfolgreich getroffenen Entscheidungen mit der Lehrkraft aufzuspüren. • Erfolgreich getroffene Entscheidungen können nur aus der Retrospektive beurteilt werden. Selbst wenn eine Lehrkraft gefühlt öfter eher schlechte Entscheidungen getroffen hat, heißt es noch lange nicht, dass es diesmal wieder so sein wird.
Vorgehen	Die Lehrkraft wird gebeten, sich erfolgreich getroffene Entscheidungen vor Augen zu führen und am besten aufzuschreiben. In der stärkenorientierten Gesprächsführung wird differenziert, weswegen es erfolgreiche Entscheidungen waren, wer oder was dazu beigetragen hat, usw. Im Anschluss an eine solche Sammlung gilt es, als Gesprächsleitung die Lehrkraft darin zu unterstützen, sich einem der beiden Entscheidungspole zwischen der die Lehrkraft steht, anzunähern.
Beispielfrage	Sie haben bereits eine Vielzahl erfolgreicher guter Entscheidungen getroffen. Was würde auf einer Würdigungsrede bekannt gegeben werden, was Sie dazu im Vorfeld richtig und gut gemacht haben? Was würde dabei besonders hervorgehoben? Was wäre Ihr wichtigster Erfolgsgarant zum Treffen erfolgreicher und guter Entscheidungen? Einerseits ..., andererseits ... Zu welcher Möglichkeit neigen Sie, wenn Sie die langfristigen Folgen betrachten? Wie fühlen Sie sich dabei? Beispiel: Einerseits ist es eine Möglichkeit, den den Unterricht störenden Schüler in die Nachbarklasse zu setzen und alle im Raum Verbleibenden können ungestörter lernen, andererseits ist der Störende dadurch alleine auf sich gestellt und kann Verantwortung für sein Lernen zwar übernehmen, ist aber sozial isoliert. Zu welcher Möglichkeit neigen Sie, wenn Sie die langfristigen Folgen betrachten? Wie fühlen Sie sich dabei? Zu welcher Entscheidung würden Sie sich im Nachhinein gratulieren?

10 Aufreizende Frage	
Grundidee	Durch eine aufreizende Frage wird die Lehrkraft überrascht und emotional herausgefordert. Sie wird zum Nachdenken über den eigenen Beitrag von entstandenen (Problem-) Situationen im Unterricht angeregt. Die Gesprächsleitung formuliert einen Frageimpuls überspitzt, um der Lehrkraft zu helfen, den eigenen Standpunkt neu festlegen zu können. Nimmt die Lehrkraft die aufreizende Frage auf, erkennt sie, dass sie einen eigenen Beitrag zur Herausforderung in Schul- und Unterrichtsleben beigetragen hat. Über die Verwirrung, die die aufreizende Frage auslöst, gerät die Lehrkraft ins kurze Ungleichgewicht und muss sich neu sortieren, um sich wieder auszurichten. Diese Neuausrichtung gelingt evtl. mit nun neuen, oft kreativen Schwerpunkten.
Tipps zum Einsatz für die Gesprächsleitung	• Diese Art der Fragen nicht als Gesprächseinstieg einer stärkenorientierten Gesprächsführung wählen. • Diese aufreizenden Fragen sind besonders gut geeignet, wenn sich eine Lehrkraft verstrickt hat und nicht weiterkommt in den Wahrnehmungen und Deutungen. • Die aufreizende Frage ist nicht im ersten Gespräch geeignet. Es sollte eine gefestigte und tragfähige Beziehung zwischen Gesprächsleitung und Lehrkraft vorhanden sein. • Aufreizende Fragen werden freundlich und nicht süffisant formuliert. • Die erste Reaktion der Lehrkraft kann abwehrend sein. Es kann sich lohnen trotzdem an der Frage vorwurfsfrei von der Gesprächsleitung her dran zu bleiben. Das weiterführende Gespräch führt oft zu differenzierten Betrachtungen der Situation und generiert dadurch Lösungsansätze. • Es kann emotional entlastend sein, gemeinsam darüber nachzudenken, wie die Herausforderung zum absoluten Scheitern kommen muss, wer oder was eintreffen oder gehandelt werden muss, dass es zur absoluten Katastrophe kommt. Durch eine solche Darstellung verliert das Szenario oft ihren Schrecken, zum anderen wird über die mögliche Umkehrung der Handlungen neue Lösungsansätze deutlich. • Insgesamt geht es um ein punktuelles Verwenden einer aufreizenden Frage. • Evtl. um Erlaubnis bitten, eine aufreizende Frage stellen zu dürfen.
Vorgehen	Die Gesprächsleitung formuliert die Schwierigkeit der Lehrkraft um und überspitzt die Aussage.
Beispielfrage	Wenn Ihre Herausforderung so groß ist, dass es schwer ist, sie zu bewältigen, was hat sie zum Wachsen gebracht? Das hört sich wirklich schwierig an. Was haben Sie selbst zu diesem Problem beigetragen? Was würde Ihnen ihr schlimmster Schüler raten, was Sie tun müssen, damit es in der Klasse richtig drunter und drüber geht? Wie hoch müssen Sie Ihre Ansprüche noch schrauben, damit garantiert weder Sie noch ein Kind diese Ansprüche erreichen können?

11 Metaphern	
Grundidee	Bildhafte Sprache und Vergleiche spielen eine tragende Rolle, um noch besser Veränderungsprozesse in Gang zu setzen. Sie motivieren und können helfen eine erweiterte Perspektive auf ein Geschehen im Unterricht einzunehmen. Sie schaffen eine innere Wirklichkeit oder sind, wenn sie nicht von der Gesprächsleitung, sondern von der Lehrkraft gebraucht werden, Ausdruck innerer Wirklichkeit, an die die Gesprächsleitung anknüpfen kann. Dadurch wird eine Herausforderung der Lehrkraft anders beschrieben, fokussiert und auch erlebt als vorher. Die Nutzung der gezielten Arbeit mit Metaphern in der stärkenorientierte Gesprächsführung zielt darauf ab, die oft eher unbewusste Verwendung von Metaphern der Lehrkraft gezielt dazu zu gebrauchen, um erweiterte Perspektiven auf eine Thematik zu ermöglichen. Metaphern können Suchprozesse auslösen im Sinn der Erweiterung der Perspektiven oder durch die Mächtigkeit der Bildsprache unterschwellig wirken. Zu unterscheiden ist zwischen der Nutzung von Metaphern, die die Lehrkraft einbringt, und der Entwicklung von Metaphern durch die Gesprächsleitung.
Tipps zum Einsatz für die Gesprächsleitung	• Eignen sich zu jeder Phase der stärkenorientierten Gesprächsführung. • Die Lehrkraft verwendet oft unbewusst Sprachbilder, diese eignen sich zur Weiterarbeit besser als die von der Gesprächsleitung eingebrachten, weil sie von der Lehrkraft selbst verwendet wurden. • Die Lehrkraft kann auch aufgefordert werden, eine Metapher oder ein Bild für die Situation im Unterricht zu finden. • Nicht jede Thematik der Lehrkraft eignet sich für eine Arbeit mit Metaphern. • Als Gesprächsleitung ist es auch möglich nicht nur gleiche Bildsprache, sondern auch nur ähnliche oder gegenläufige Metaphern zu verwenden. • Eine einmal gefundene Metapher lohnt sich beizubehalten. Ein zu häufiger Wechsel von Metaphern empfiehlt sich nicht, weil die Identifikation der Lehrkraft mit den dann unterschiedlichen Sprachbildern sinkt.
Vorgehen	Die Gesprächsleitung achtet auf bildhafte Sprache, die die Lehrkraft verwendet, greift sie auf und/oder führt sie in ein weiteres Bild. Das Grundprinzip liegt darin, Metaphern wortwörtlich zu nehmen, zunächst auf dieser Ebene weiter zu führen, um letztlich in einer Rückführung zu betrachten, wofür die in der Metapher stehenden Aspekte in der realen Erfahrung stehen (könnten). Alternativ kann die Gesprächsleitung auch selbst zu einer Metapher greifen, um eine von der Lehrkraft dargestellte Situation zu verbindlichen.
Beispielfrage	Sie haben gesagt, dass die eine Schülergruppe wie in einem Schützengraben darauf lauert, mit Albernheiten aus der Deckung zu kommen. Welche Geschichte und welche Interessen könnten hinter diesem kriegsähnlichen Zustand stecken? Was bräuchten Sie, damit Sie im Unterricht so lustbetont wie diese Schülergruppe sogar wiederholt wie auf einem Trampolin vor Freude an die Decke springen könnten? Wie weit ist das Licht des Tunnels weg? Was ist das Licht in Wirklichkeit? Was sind Ihre Antreiber, sich Schritt für Schritt dem Licht anzunähern? Wenn Sie auf einmal eine Taschenlampe im Tunnel benutzen könnten, worauf würden Sie den Lichtkegel setzen?

3.12 | Wertungsfreie Fragemöglichkeiten im Gespräch mit der Lehrkraft

Um mit Lehrkräften ins Gespräch zu kommen, ohne bereits tendenziös eine bestimmte Wertung vorwegzunehmen, wie etwa durch wertende Adjektive, ist das Stellen offener Fragen eine Möglichkeit, die Kontrolle über das Gespräch auf die Lehrkraft, die die Frage beantwortet, zu übergeben, wodurch eher ein Austausch zwischen den Gesprächsteilnehmern entsteht als ein »Ausfragen«.

Eine offene Frage beginnt mit einem Fragewort und gibt der Lehrkraft die Möglichkeit, umfassender und in vollständigen Sätzen zu antworten als mit Ja/Nein-Antworten.

Wer…, wie…, was…, wo…, weswegen…, wieso…, weshalb…, woher…, wodurch…, womit, worin…, welche…

Fragenschwerpunkt auf auslösende Momente
Worin sehen Sie die Ursachen...?
Was war für sie ausschlaggebend...?
Wodurch wurde dies ausgelöst...?

Fragenschwerpunkt auf zeitliche Entwicklungen
Wie kam es zu...?
Wie entwickelte sich...?
Was ging dem voraus...?

Fragenschwerpunkt auf Beweggründe der Lehrkraft
Was ging in Ihnen vor, als...?
Was waren Ihre Beweggründe für...?
Wodurch gelangten Sie zu dem Entschluss...?

Fragenschwerpunkt auf Umfeldbedingungen
Welche Umstände waren ausschlaggebend...?
Welche Gegebenheiten spielen eine Rolle...
Welche äußeren Faktoren waren ausschlaggebend...?

Schul- und Unterrichtsleben mit Lehrkräften stärkenorientiert reflektieren – Stärken stärken – Talente fördern – Schwächen selbstbewusst bewältigen

4

Über ein Konzept konstruktiver und stärkenorientierter Gesprächsführung als Gesprächsleitung zu verfügen, ist aus unserer Sicht wichtig, denn dann kann es noch besser gelingen, im Rahmen der Lehrerbildung Lehrkräfte im Rahmen der Schul- und Unterrichtsentwicklung zu begleiten, zu unterstützen und zu fördern.

Je besser es gelingt, die Stärken der Lehrkraft zu stärken, Talente der Lehrkraft zu fördern und in das Schul- und Unterrichtsleben zu integrieren, desto wahrscheinlicher wird es, dass diese Lehrkräfte auch mögliche Schwächen selbstbewusst und bewältigungsorientiert angehen.

Zur Reflexion und Weiterentwicklung des Schul- und Unterrichtsleben gehört im Schwerpunkt v. a. das Nachbesprechen von Unterricht im Anschluss an gemeinsam gesehene Unterrichtsstunden.

Im Folgenden geht es nun darum Möglichkeiten aufzuzeigen, wie man als Gesprächsleitung Schul- und Unterrichtsleben im Rahmen stärkenorientierte Gesprächsführung besprechen kann.

Dabei sucht die Lehrkraft zusammen mit der Gesprächsleitung Erfolgsfaktoren v. a. für das Gelingende im Schul- und Unterrichtsleben, benennt diese und erläutert deren Wirkweise im konkreten Prozess.

Im Gespräch über das Schul- und Unterrichtsleben stehen vor allem Erfolge, besondere Fähigkeiten, Ressourcen, Ausnahmen, Gedankenblitze, »Nicht-Problemzeiten« im Vordergrund.

- Es geht aus konstruktivistischer Sicht nicht darum, wer recht hat.
- Es wird verstärkt an Lösungen für die unterrichtende Lehrkraft gearbeitet.
- Durch eine strukturierte Gesprächsführung erhält man Einblick in einige Erfolgsfaktoren im positiven Wirkbereich der Lehrkraft.

Ziel ist die emotional stabile, wertgeschätzte und mit Impulsen zur Weiterarbeit motivierte Lehrkraft.

Stärkenorientierte Gesprächsführung
- bedeutet nicht die Abwesenheit oder das Verschweigen von Verbesserungsmöglichkeiten
- bedeutet nicht Lobhudelei oder Lob um jeden Preis.

Bei stärkenorientierter Gesprächsführung geht es vielmehr darum, auf Augenhöhe so ins Gespräch zu kommen, dass die beteiligte Lehrkraft ihre übergeordnet schulischen, fachlichen und sozialen Kompetenzen bewältigungsorientiert und positiv emotional gestärkt über die Erfahrung und Rückmeldung gelingenden Lernens weiterentwickeln kann.

4.1 Die Haltung der Gesprächsleitung

Stärkenorientierte Gesprächsführung unterscheidet sich von beiläufigen Unterhaltungen über Unterricht im Lehrerzimmer dadurch, dass mit ihnen das konkrete Ziel der Abgleichung von Wahrnehmungen zu einer speziellen gemeinsam erlebten Situation verfolgt wird. Die Haltung der Gesprächsleitung ist dabei u. a. von vier Aspekten geprägt:

- **Respekt:** Respekt vor der Person der unterrichtenden Lehrkraft, deren professioneller Meinung, Entscheidungen und ihren Leistungen in der Schule sind die Grundlage der zwischenmenschlichen Kommunikation.
- **Offenheit:** Auch Gesprächsleitungen haben Gefühle, die sie im stärkenorientierte Gesprächsführung auch spontan ausdrücken können. Wichtig ist allerdings dabei, diese Gefühle und Bedürfnisse als eigene Einstellungen und Emotionen wahrzunehmen und nicht die unterrichtende Lehrkraft dafür verantwortlich zu machen.
- **Aktives Zuhören:** Aktives Zuhören setzt voraus, den anderen überhaupt ausreden zu lassen, ohne sofort zu bewerten.
- **Empathie:** Die Gesprächsleitung achtet die Gedanken und Gefühle der Lehrkraft. Sie stellt ihre eigenen Meinungen, Wertungen und Emotionen zurück und klärt, ob sie die Ausführungen der Lehrkraft richtig verstanden haben.

4.2 Ablaufmodell einer stärkenorientierte Gesprächsführung mit dem Thema Schul- und Unterrichtsleben

Näher betrachtet folgt das Phasenmodell dem Dreierschritt

1. Auftragsklärung und Kontrakt
2. Wirklichkeitskonstruktion und
3. Möglichkeitskonstruktion und Abschluss.

Dieses Phasenmodell ermöglicht der Gesprächsleitung, sich zu orientieren, in welcher Phase das Gespräch sich gerade befindet. Sie kann damit leichter die jeweils zu steuernden Prozesse annehmen und der Gesprächsphase passende Impulse geben.

Phase 1: Auftragsklärung und Kontrakt

Gesprächseinstieg – Rahmen schaffen – Smalltalk – Beziehungsaufbau

»Ich freue mich, dass Sie den Weg zu mir gefunden haben.«
»Möchten Sie sich setzen?«
»Darf ich Ihnen etwas zu trinken anbieten?«
»Brauchen Sie noch etwas, bevor wir mit dem Gespräch beginnen?«

Auftragsklärung

Benennen des Gesprächsanlasses

»Wie muss das Gespräch verlaufen, dass Sie im Nachhinein sagen, es hat sich gelohnt?«

Kontrakt schließen

»Ich fasse zusammen, was ich zu Ihren Erwartungen zum Gespräch verstanden habe ... Bitte prüfen Sie, ob ich Ihre Erwartungen richtig verstanden und in Stichworten schriftlich fixiert habe ...«

Phase 2: Wirklichkeitskonstruktion

»Liegt Ihnen noch etwas besonders am Herzen...?«

Einschätzungsmöglichkeiten der Lehrkraft zu Beginn der Wirklichkeitskonstruktion:

»So geht es mir jetzt..., weil...«
»So schwer war ist die Situation/sind die Situationen aus dem Schul- und Unterrichtsleben für mich ..., wie ...«

Freie Stärkenrunde – Gelungenes und Bemerkenswertes

Stichwortartiges Mitnotieren der benannten Punkte durch die Gesprächsleitung, z. B. auf weißen Blankokarten. Das erste Wort hat die Lehrkraft, die Gesprächsleitung kann sich anschließen.
Ins Gespräch kommen, ggf. Fragenspeicher; interessante Fragen aus Kapitel 3 nutzen.

Ansichten beschreiben, deuten, ggf. strukturieren und hierarchisieren.

»Womit haben Sie gute Erfahrungen gemacht? Welche Strategien hatten Sie bisher, um solche Thematiken erfolgreich anzugehen? Wer oder was haben Sie unterstützt? ...«

Bei Bedarf: Einsatz einer Skala zur Selbsteinschätzung der Lehrkraft »Was muss sich verändern, dass sich z. B. die Qualität um eine Stufe/eine halbe Stufe steigert?«

Diese Einschätzung und Antizipation zur Steigerung leitet über zur Möglichkeitskonstruktion.

Phase 3: Möglichkeitskonstruktion und Abschluss

Die nächsten Handlungsschritte anzudenken und Zielvereinbarungen eruieren.

Alternativen entwickeln.

»Welche drei Punkte nehmen Sie als besonders gewinnbringend für Ihre Weiterarbeit mit?«

»Wie könnten Ihre Stärken Ihnen bei der Bewältigung der Herausforderungen Unterstützung bieten?«

Handlungsfelder finden (ggf. auch Fragespeicher nutzen).

Bei großen Zielen auf kleine Schritte zur Zielerreichung achten.

Abschluss – Rückbezug zu den Erwartungen der Lehrkraft im Rahmen der Auftragsklärung

»Sie haben zu Beginn Erwartungen für ein für Sie lohnendes Gespräch formuliert. Haben sich diese Erwartungen erfüllt? Was wünschen Sie sich noch?«

Dazu in Auswahl mögliche Fragen:
»Was hat sich seit Beginn unseres Gesprächs verändert?«
»Welchen Nutzen konnten sie aus dem Gespräch ziehen?«
»Was war für Sie im Gespräch besonders hilfreich?«

4.2.1 | *Phase 1: Auftragsklärung*

Damit das Gespräch nicht zur unnützen Plauderstunde wird, braucht es eine gute Auftragsklärung zwischen den am Gespräch Beteiligten.

Es geht darum, ein gemeinsam erarbeitetes Verständnis zu erreichen, auf welche Art und auf welche Weise das Gespräch gestaltet werden soll, zu welchem Zweck und mit welchem Ziel es geführt wird.

Nicht immer ist letzteres explizit geklärt. Oft ist nur der Gesprächsleitung aufgrund ihrer Routinen im Schul- und Unterrichtsleben und der Quantität der Gespräche, die sie führt klar, weniger aber der jeweiligen Lehrkraft, für die jedes Gespräch dieser Art, z. B. ein Mitarbeitergespräch, ein punktuelles, oft mit hohen Emotionen verbundenes Ereignis ist.

Im gemeinsamen Dialog entsteht ein gemeinsames (!) Verständnis eines gemeinsamen Auftrages und der Grund für das Gespräch wird identifiziert.

Zu Beginn jeder Auftragsklärung ist es wichtig, den Grund für das Gespräch zu eruieren und zu benennen. Dabei kann der Gesprächsanlass die weitere Gesprächsgestaltung stark beeinflussen.

Ausgewählte schulische Gesprächsanlässe

- Jahresgespräch, festgelegt und institutionell vorgeschrieben: Lehrkraft und Gesprächsleitung haben oft beide eine Zielvorstellung zum Gespräch.
- Tür- und Angelgespräch, informell, zufällig: Lehrkraft und Gesprächsleitung haben oft keine Zielvorstellung zum Gespräch.
- Gespräch von der Gesprächsleitung gewünscht: die Gesprächsleitung hat ein Anliegen und eine Zielvorstellung zum Gespräch. Die Gesprächsleitung bringt sich aktiv mit ein.
- Gespräch von der Lehrkraft gewünscht: die Lehrkraft hat ein Anliegen und eine Zielvorstellung zum Gespräch und möchte sich aktiv in die Bewältigung einer Herausforderung mit einbringen.
- Lehrkraft kommt nicht aus eigenem Antrieb, wird »überwiesen«, z. B. als Sprecher der Steuergruppe Schulentwicklung mit Anliegen, hinter denen sie selbst nicht steht.
- Die Lehrkraft kommt, um sich »über andere zu beschweren«: die Lehrkraft hat Zielvorstellungen, wobei sie oft keine Idee hat, zur Lösung etwas beitragen zu können oder zu wollen. Sie erwartet, dass die Lösung von außen, z. B. durch die Gesprächsleitung, kommt.

Die Auftragsklärung wird oft übersprungen und in ihrer Bedeutung für den Gesprächsverlauf und die Weiterarbeit unterschätzt. Eine bewusste Auftragsklärung ist das beste Schutzschild gegen »Einladungen ins Dramadreieck« (vgl. Kapitel 9) oder »Fettnäpfchen, in die man als Gesprächsleitung treten kann«.

Es ist wichtig im Blick zu behalten, ob sich die Anliegen und Zielvorstellungen der Beteiligten am Gespräch im Laufe mehrerer Gespräche verändern, ob sich andere Schwerpunkte herausbilden oder völlig neue Aufträge entstehen. Deshalb kann es sinnvoll sein, zu Beginn jedes Gesprächs, den Auftrag für diese Stunde zu erfragen.

Insgesamt geht es um die Synchronisation der Gesprächsleitung und der Lehrkraft sowie um achtsamen Beziehungsaufbau. Die Gesprächspartner erhalten die Möglichkeit, sich wertschätzend wahrzunehmen und abzustimmen im aktuellen gegenseitigen Erleben.

Entscheidender Satz am Ende der Auftragsklärung:

- »Wie muss das Gespräch verlaufen, dass Sie im Nachhinein sagen, es hat sich gelohnt?«

Dieser Satz ermöglicht der Lehrkraft, die eigenen Vorstellungen zum Gespräch mit einzubringen. Gleichzeitig wird sie mitverantwortlich für den Verlauf des Gesprächs, indem sie Vorstellungen äußert. Dadurch wird die Lehrkraft aktiv und kann weniger sich zurücklehnend passiv das Gespräch »über sich ergehen« lassen.

Die Leistung in der expliziten Auftragsklärung liegt in der:

1. Ausformulierung von Erwartungen, Zielen und Wünschen seitens der Lehrkraft. Damit gemeint ist der Auftrag an die Gesprächsleitung, wie es am Ende sein soll.
2. Definition des Themas, was am Ende entstanden oder angestoßen sein soll.

Erreicht wird dadurch, dass sich die Lehrkraft eher angenommen sowie verstanden fühlt und damit die innere Bereitschaft aktiv an Veränderungen zu agieren erhöht wird.

Tipps:

- Ein Notieren der Vorstellung der Lehrkraft zum erfolgreichen Gesprächsverlauf, z. B. auf Wortkarten, die ihren Platz auf dem Tisch finden, verbildlicht das/die Anliegen der Lehrkraft. Gleichsam ist es eine Form der Wertschätzung der Gesprächsleitung gegenüber dem Anliegen der Lehrkraft, dass die auf Wortkarten notierten Anliegen der Lehrkraft zentral gelegen einen für das Gespräch dauerhaften Platz finden. Die Wortkarten sind auch ein Anker, um am Ende des Gesprächs zu reflektieren, ob sich das/die Anliegen für das Gespräch erfüllt haben oder ob noch nachgesteuert werden muss.
- Der Auftrag und das entsprechende Gesprächsziel für ein sich lohnendes Gespräch für die Lehrkraft sollte jedes Mal erfolgen. Das Ziel oder die Ziele könnten sich in der Zwischenzeit verändert haben.

Beteiligungsintensität und -möglichkeit der Lehrkraft je nach Gesprächsanlass

		Beispiel aus dem Schul- und Unterrichtsleben
hoch	...entscheidet sich für eine Lösung	Eintritt in eine Steuergruppe zur Schulentwicklung
	...entwickelt Lösungen	Elternbeschwerden entgegentreten
	...trägt zu Lösungsansätzen bei	Handlungskatalog bei erziehungsschwierigen Kindern
	...nimmt Stellung zu Entscheidungen	Übernahme einer Klassenleitung
niedrig	...wird über Entscheidungen informiert.	Beurteilungseröffnung

Die Vorteile einer klaren Auftragsklärung liegen in

- dem Aufbau und der Pflege von Beziehungen
- Schutz und Klarheit der am Gespräch Beteiligten
- Ziel des Gesprächs
- Qualitätssicherung
- Klarheit in evtl. Methode, Zeit, Ort, Ende, Umgang mit vertraulichen Informationen

- der Orientierung der Beteiligten
- der Klärung offener und unterschwelliger Erwartungen
- der Klarheit, dass Gesprächsleitung und Lehrkraft für das Gespräch verantwortlich sind.

Die Auftragsklärung endet mit dem Schließen eines Kontrakts.

Gesprächsleitung: Ich fasse zusammen, was ich zu Ihren Erwartungen verstanden habe... Bitte prüfen Sie, ob ich Ihre Erwartungen richtig verstanden und in Stichworten schriftlich fixiert habe....

Tipp: Um die Lehrkraft noch selbst mit in die Verantwortung zu nehmen, ist es auch möglich, das Ziel des Gesprächs selbst zusammenfassen zu lassen.

4.2.2 *Phase 2: Wirklichkeitskonstruktion*

Wirklichkeitskonstruktion ist ein vor allem in der systemischen Beratung genutzter Begriff. Es wird davon ausgegangen, dass jeder Mensch seine eigene Wirklichkeit durch Verarbeitungsprozesse im Kopf erschafft und durch Interaktionen mit der Umwelt und implizite individuelle Annahmen und Filter beeinflusst. Wirklichkeitskonstruktionen sind damit Ergebnis vom Individuum selbst erschaffener Bedeutungs- und Informationserzeugungsprozesse. Es gibt folglich keine eindeutige »objektive« Wirklichkeit, sondern viele subjektive Wirklichkeitskonstruktionen der verschiedenen Beobachter einer gleichen Situation, z. B. aus dem Schul- und Unterrichtsleben. Um neue Bewertungsmöglichkeiten und Handlungsspielräume herbei zu führen, ist es deshalb in diesem Schritt der stärkenorientierte Gesprächsführung wichtig, die gegenwärtige Situation des Systems aus Sicht der Gesprächsleitung und der Lehrkraft transparenter zu machen.

Durch die Einbeziehung der unterschiedlicher Sinn-, Interpretations- und Verstehenswelten im konkreten Fall, die der Gesprächsleitung und die Lehrkraft, und deren Abgleich mit dem Fokus auf Interaktionsprozesse im Schul- und Unterrichtsleben ist dieser Teil der stärkenorientierten Gesprächsführung eine wesentliche Bereicherung in konstruktivistischer und fachlicher Hinsicht der Schulentwicklung. Unterschiedliche und deckungsgleiche Ansichten wirken in dieser Sicht als kommunikative Themen und Beschreibungen, in denen ein Zustand als erwünscht, als eine Stärke der Lehrkraft oder aber auch veränderungsbedürftig und veränderbar erachtet wird. Dadurch entsteht auf Seiten der Gesprächsleitung und der Lehrkraft eine veränderte und erweiterte Wirklichkeitskonstruktion, die Handlungsalternativen oder -bestärkungen eröffnet.

Die Lehrkraft und die Gesprächsleitung gleichen ihre individuelle Wahrnehmung des Unterrichts ab. Besonders gut dazu geeignet sind Kartensymbole und Besprechungslandschaften (vgl. Köhler/ Weiß 2015 und 2016). Besonders interessant ist dabei der Vergleich der Wirklichkeitskonstruktionen jeder Partei. Über die Symbole kommt man besonders gut und strukturiert ins Gespräch. Es geht darum, als Gesprächsleitung die Lehrkraft »wahr-«zunehmen. Ein Einlassen auf die Wirklichkeit der Lehrkraft verstärkt deren Kooperationsbereitschaft und intensiviert die Beziehung.

Einschätzungsmöglichkeiten der Lehrkraft zu Beginn der Wirklichkeitskonstruktion:
»So geht es mir jetzt..., weil...«

»So schwer war/ist die Situation/sind die Situationen aus dem Schul- und Unterrichtsleben für mich…, wie…«
»So sehr habe ich mich angestrengt…, weil…«

> Interessant kann noch die Frage »Liegt Ihnen noch etwas besonders am Herzen…?« sein.
>
> Diese Frage sollte zu Beginn gestellt werden. Am Ende eines stärkenorientierten Gesprächs sind diese Anliegen i.d.R. von der Intensität und der Vielzahl der Eindrücke überschattet.
>
> Tipp: Am Ende dieser Phase des Gesprächs in der Wirklichkeitskonstruktion schätzt die Lehrkraft den Bedeutungsgehalt der gewählten Thematik auf einer Skala ein.
>
> Geht es z.B. um gehaltenen Unterricht (oder eine bestimmte Phase des Unterrichts), der nachbesprochen wird, trifft die Lehrkraft eine Entscheidung, wie sie diesen Unterricht oder diese Unterrichtsphase einschätzt.

Weniger entscheidend ist, auf welcher Skalierungsstufe die Einordnung erfolgt. Entscheidender ist die Frage:

- »Was muss sich verändern, dass sich z.B. die Qualität um eine Stufe/eine halbe Stufe steigert?«

1	2	3	4	5	6	7	8	9	10

Hinweis: Eine Skala bei 1 beginnend impliziert bereits ein Können der Lehrkraft.

Tipps:

- Es ist nicht die Aufgabe der Gesprächsleitung, sich ebenfalls zur Einschätzung der Stunde auf dieser Skala zu äußern. Es geht hier um die Einschätzung der Lehrkraft.
- Im Rahmen stärkenorientierten Gesprächsführung sind Fragen wie: Womit haben Sie gute Erfahrungen gemacht? Welche Strategien hatten Sie bisher, um solche Thematiken erfolgreich anzugehen? Wer oder was haben Sie unterstützt?...

Diese Einschätzung und Antizipation zur Steigerung leitet über zur Möglichkeitskonstruktion.

Phase 3: Möglichkeitskonstruktion und Abschluss 4.2.3

Im Rahmen der Möglichkeitskonstruktion werden Hypothesen für die Weiterarbeit im Schul- und Unterrichtsleben der Lehrkraft entwickelt und mit Hilfe der identifizierten Stärken der Lehrkraft auf ihre Umsetzbarkeit und Konsequenzen hin reflektiert. Dabei ist es Aufgabe der stärkenorientierten Gesprächsführung, die Lehrkraft zu unterstützen, eine Haltung der Bewältigungsorientierung zu erringen und dadurch handlungsfähig zu bleiben oder zu werden.

In dieser Phase geht es darum, die nächsten Handlungsschritte anzudenken und Zielvereinbarungen zu eruieren.

- Welche drei Punkte nehmen Sie als besonders gewinnbringend für Ihre Weiterarbeit mit?

Tipps:

- Die Annäherung an Zielvorstellungen sollte in kleine Schritte aufgeteilt werden, dies erleichtert zum einen, bereits Erfolge wahrzunehmen und schützt zum anderen vor Überforderung bei zu großen Zielen.

- Das echte Interesse der Gesprächsleitung an der Wahrnehmung der Lehrkraft stützt die Veränderungsbereitschaft bei dieser.
- Zu einer wertschätzenden Haltung der Gesprächsleitung gegenüber der Lehrkraft gehört auch, deren Belastungen zu würdigen. Gleichsam wird die Gesprächsleitung aber auch in positiver Weise auf noch nicht genutzte Ressourcen hinweisen.
- Als Gesprächsleitung muss man anerkennen, dass es stets die Lehrkraft bleibt, die die Handlungshoheit zur Umsetzung neuer oder Beibehaltung bewährter Verhaltensmuster trägt und sie in diesen Momenten für sich zulassen kann.

Abschluss – Rückbezug zu den Erwartungen der Lehrkraft im Rahmen der Auftragsklärung

Zu Beginn des Gesprächs wurden in der Phase der Auftragsklärung beim Schließen des Kontrakts für das Gespräch in Stichworten die Erwartungen der Lehrkraft notiert, wie das Gespräch verlaufen muss, damit sie für die Lehrkraft gewinnbringend ist. Hierauf wird nun Rückbezug genommen und ggf. noch Offenes besprochen.

- »Sie haben zu Beginn Erwartungen für ein für Sie lohnendes Gespräch formuliert. Haben sich diese Erwartungen erfüllt? Was wünschen Sie sich noch?«

Dazu in Auswahl mögliche Fragen:

- »Was hat sich seit Beginn unseres Gesprächs verändert?«
- »Welchen Nutzen konnten sie aus dem Gespräch ziehen?«
- »Was war für Sie im Gespräch besonders hilfreich?«

Tipps:

- Nochmals als Gesprächsleitung das Gespräch kurz zusammenfassen, z. B. die Intensität und Leistung der Lehrkraft im Gespräch wertschätzend würdigen und ggf. beschreiben, an welcher Stelle in einem Prozess sich die Lehrkraft aus Sicht der Gesprächsleitung befindet.
- Der Abschlusskommentar der stärkenorientierte Gesprächsführung sollte immer positiv optimistisch sein.
- Evtl. einen Beobachtungsauftrag mit auf den Weg geben.
- Der Abschluss sollte keine neuen Baustellen im Schul- und Unterrichtsleben, die bisher noch nicht Thema im Gespräch waren, aufreißen.

4.3 Beratungsfibel – Fragespeicher und Türöffner für eine stärkenorientierte Gesprächsführung

Die folgenden Fragen sind geordnet nach möglichen Aufmerksamkeitsrichtungen einer stärkenorientierten Gesprächsführung von Schul- und Unterrichtsleben. Die Zusammenstellung erweckt u. U. den Eindruck, es würde nur über Gelungenes gesprochen. Es liegt in der Verantwortung der stärkenorientierten Gesprächsleitung sowie in ihrem Geschick, Stärken hervorzuheben und gleichzeitig Anregungen zu konstruktiver Weiterarbeit zu benennen, bzw. aufzuzeigen.

Smalltalk und Beziehungsaufbau 4.3.1

- Haben Sie sich gut auf dem Weg hierher zurechtgefunden?
- Wie war die Herfahrt?
- Ich freue mich, dass Sie den Weg zu mir gefunden haben.
- Möchten Sie ablegen?
- Möchten Sie sich setzen?
- Möchten Sie etwas trinken?
- Brauchen Sie noch etwas, bevor wir mit dem Gespräch starten?

Die wichtigste Frage nach Smalltalk zur Gesprächseröffnung: 4.3.2

- Wie muss das Gespräch verlaufen, dass Sie im Nachhinein sagen, es hat sich gelohnt?

Dazu können in Ergänzung kommen:

- Was sollte auf jeden Fall am Ende des Gesprächs passiert sein?
- Was sollte auf keinen Fall im Gespräch passieren?
- Wie stellen Sie sich unser Gespräch und eine mögliche Zusammenarbeit vor?
- Welches Thema sollte nicht angesprochen werden?
- Sie haben das erste Wort, um Ihre Wahrnehmungen zu Ihrem Schul- und Unterrichtsleben darzustellen.
- Welche Lernprozesse haben Sie in Ihrem Schul- und Unterrichtsleben bei den Schülern angestoßen?
- Wo hatten die Schüler eine Gelegenheit, sich ihren Lernzuwachs bewusst zu machen? Wie machen Sie dies als Lehrkraft?

Analyse der Entwicklungshistorie von Stärken 4.3.3

- Wie sind Sie in ______________ so gut geworden?
- Wie haben Sie das genau gemacht, dass Sie das jetzt so gut können und dass Ihnen das jetzt so gut gelingt?
- Gibt es ein besonderes Erlebnis, eine besondere Erfahrung, das/die Sie hatten, und das Sie bestärkt hat?
- Wer bestärkt Sie in Ihrem Handeln?
- Für welche der von Ihnen genannten Situationen aus dem Schul- und Unterrichtsleben haben Sie die meiste Energie?

Frage nach den Faktoren des Gelingens 4.3.4

Wenn Sie an Ihren Unterricht denken:

- Was ist Ihnen in Ihrem Schul- und Unterrichtsleben gut und sehr gut gelungen? Was noch? Was noch? Was noch?
- Woran können Sie erkennen, dass das vorher Genannte eine Stärke von Ihnen ist? Woran noch? Woran noch? Woran noch?
- Wie haben Sie es bisher geschafft, solche Situationen zu meistern?
- Welche sozialen Beziehungen sind für Sie bedeutsam und unterstützend?

4.3.5 | *Zirkuläre Fragen*

- Wenn Sie Ihre Schüler/ Ihre Kollegen/ Ihre Freunde/ Ihr Lebenspartner/ Ihre Eltern fragen würden, woran können die erkennen, dass Sie das, was Sie machen, gut machen?
- Woran können andere erkennen, dass das vorher Genannte eine Stärke von Ihnen ist? Woran noch? Woran noch? Woran noch?

4.3.6 | *Suche nach aktuellen Momenten künftiger Stärken*

- Worin möchten Sie noch besser werden?
- Stellen Sie sich bitte eine Skala von 1 – 10 vor. 1 ist, »Ich habe gar kein Handlungswissen über die Möglichkeit eine Situation, die ich mir ausgewählt habe zu ändern« und 10 ist, »Ich habe sehr hohes Handlungswissen darüber, die von mir gewählte Situation zu ändern«.
- Wo ordnen Sie sich momentan auf dieser Skala von 1 – 10 ein?
- Woran können Sie erkennen, dass Sie in Bezug auf das, was Sie sich vorgenommen haben, einen Schritt weitergekommen sind?
- Woran können andere erkennen, dass Sie in Bezug auf das, was Sie sich vorgenommen haben, einen Schritt weitergekommen sind?

4.3.7 | *Einladung zu Veränderungen aussprechen*

- Können Sie sich vorstellen, etwas anders zu tun, als Sie das bisher getan haben?
- Wovon möchten Sie mehr tun?
- Wovon möchten Sie weniger tun?
- Welches Verhalten möchten Sie ändern?
- Wie hoch ist Ihr Veränderungswunsch auf einer Skala von 1 – 10?
- Inwiefern hat der von Ihnen beschriebene Veränderungswunsch bereits jetzt begonnen?
- Angenommen eine Kollegin von Ihnen hat den gleichen Veränderungswunsch, welche Tipps würden Sie ihr geben?
- Wer bemerkt als Erstes, dass sich in Ihrem Verhalten etwas geändert hat?
- Welche Auswirkungen haben Ihre Veränderung auf andere? Wer profitiert am meisten? Wer von diesen hat kein Interesse an Ihrer Veränderung?

4.3.8 | *Zielvereinbarungen treffen – entwicklungsorientiert fragen*

- Wenn Sie Ihr Handeln im Schul- und Unterrichtsleben in Bezug auf das Gelingen auf einer Skala von 1 – 10 einordnen müssten, wo würden Sie diese ansiedeln und warum? Welche Stärken haben zum Erreichen dieser Stufe auf der Skala geführt?
- Was könnten Sie verändern, damit Sie Ihre Stunde eine Stufe auf der Skala höher ansiedeln könnten?
- Welche Schritte nehmen Sie sich als nächstes vor? Wann wollen Sie diese Schritte ausprobieren?
- Welche drei Dinge wollen Sie sich für die Weiterarbeit vornehmen?

Evaluation des Gesprächs 4.3.9

- Zu Beginn haben Sie benannt, wie das Gespräch verlaufen muss, damit Sie im Nachhinein sagen, es hat sich gelohnt. Wenn Sie das Gespräch in Bezug auf das Erfüllen der Wunschvorstellung auf einer Skala von 1 – 10 einordnen müssten, wo würden Sie diese ansiedeln und warum?
- Was wünschen Sie sich für das nächste Gespräch?

Abschluss – Perspektiven der Weiterarbeit 4.3.10

- Welches Thema war für Sie im Rückblick auf das Gespräch am wichtigsten?
- Was war für Sie das Wichtigste in unserem Gespräch?
- Was sollte noch gesagt werden, was bisher nicht oder kaum zur Sprache kam?
- Was können Sie, was kann ich dafür tun, dass das Gespräch zu einem guten Abschluss kommt?
- Welche Impulse haben sich aus dem Gespräch ergeben, an denen Sie weiterarbeiten möchten?
- Welche Ziele setzen Sie sich?
- Was setzen Sie als Erstes um?
- Auf einer Skala von 1 – 10: Wie schätzen Sie die Wahrscheinlichkeit ein, etwas von Ihren Zielen in den nächsten drei Tagen umzusetzen?
- Was wird Ihr erster Schritt zur Umsetzung sein?
- Worauf möchten Sie in Zukunft noch mehr achten? Welche Ihrer Stärken möchten Sie weiterpflegen und/oder ausbauen?

> Zum Abschluss bedanke ich mich bei Ihnen für das vertrauensvoll geführte Miteinander, für Ihre Offenheit und Klarheit, Dinge auszusprechen. Ich wünsche Ihnen viel Erfolg bei Ihren nächsten Schritten und Umsetzungen und bin davon überzeugt, dass Sie es gut machen werden.

Literaturhinweise: Eine ausführliche Beschreibung des Vorgehens, wie man Unterricht wertschätzend und konstruktiv auf Augenhöhe nachbesprechen kann, ist in den folgenden Veröffentlichungen zu finden:

Köhler/ Weiß (2015): Unterricht kompetenzorientiert nachbesprechen. Lehrproben – Unterrichtsbesuche – Kollegiale Hospitationen, Weinheim: Beltz.
Dieser praxisnahe Leitfaden zeigt Wege, Gesprächsführung nach dem Prinzip zu gestalten: Weg vom belehrenden Beobachter hin zum stärkenorientierten Gespräch auf Augenhöhe. Dabei geht es um hilfreiche Impulse für die Einzelberatung und Gespräche in der Gruppe. Dargestellt wird, worauf es bei der gezielten Beobachtung von Unterricht überhaupt ankommt. Dort finden PädagogInnen Hilfestellungen, wie man von Anfang an die Weichen so stellt, um Unterricht nachhaltig, kriterienorientiert, wertschätzend und personenzentriert bespricht und miteinander ins Gespräch kommt. Das Buch bietet mehrfach in der Praxis erprobte und bewährte Materialien und Tipps, die die Nachbesprechung von Unterricht strukturieren und erleichtern: von Moderationskärtchen in der Einzelberatung bis hin zur Methodensammlung für die Arbeit mit größeren Gruppen für eine nachhaltige Unterrichts- und Schulentwicklung.

Köhler/Weiß (2016): Reflexionskarten für den Unterricht. Zur Selbstreflexion und kompetenzorientierten Nachbesprechung. Weinheim: Beltz.
Mithilfe der 75 Reflexionskarten können Lehrer/innen im Dialog oder allein Unterricht effektiv, stärken- und kompetenzorientiert reflektieren. Das Set besteht aus Impulskarten, auf denen Leitkompetenzen für den Unterricht aufgeführt sind, und Moderationskärtchen mit Symbolen und Schlagworten, die eine Kategorisierung der im Unterricht gezeigten Kompetenzen nach Stundenphasen ermöglichen. Beide Kartensorten vereinen sich zu einem wirksamen Analyse- und Kommunikationsinstrument.

Die Karten sind vielseitig einsetzbar:

- zur Nachbesprechung im Anschluss an einen Unterrichtsbesuch
- bei einer Lehrprobe seitens der Fachleiter/innen
- im Rahmen kollegialer Hospitation
- zur Selbstanalyse
- als Vorbereitung auf eine Lehrprobe.

Karten zur stärkenorientierten Gesprächsführung als Visualisierungshilfe für die Gesprächsleitung

5

Die folgenden Impulse sind eine Zusammenstellung aus bewährten Impulsen zur stärkenorientierten Gesprächsführung.

Eingesetzt im Gespräch, ergibt sich ein Tischbild mit Visualisierungen, die zum einen den jeweiligen Gesprächsinhalt visualisieren, zum anderen aber auch gliedern und hierarchisieren.

Ergänzt durch weiße Blankokarten, die mit den bemerkenswertesten Inhalten beschriftet werden können, ergibt sich eine Gesprächslandschaft, die Verschiebungen ermöglicht, aber auch Zusammenhänge deutlich machen kann.

Tipp: Ein Foto als Abschluss kann als Gedächtnisstütze dienen und als Anknüpfung für die Weiterarbeit genutzt werden.

	So geht es mir jetzt (z. B. vor/nach der Unterrichtsnachbesprechung)!
	So schwer fiel es mir heute, z. B. zu unterrichten/den Unterricht vorzubereiten/die Klasse im Griff zu halten...!
	So sehr hat es/habe ich mich heute angestrengt z. B. zu unterrichten, den Erziehungs- und Ordnungsrahmen aufrecht zu erhalten, ...!

	Auf welcher Stufe schätzen Sie heute Ihren Unterricht ein? Weswegen? Was muss sich verändern, dass der Gehalt um eine Stufe/eine halbe Stufe steigt?
	Wenn Sie Ihre Unterrichtsstunde in Bezug auf das Gelingen auf einer Skala von 1-10 einordnen müssten, wo würden Sie diese ansiedeln und warum? Was könnten Sie verändern, damit Sie Ihre Stunde eine Stufe höher ansiedeln könnten? (Entwicklung von Perspektiven für die Weiterarbeit)
	Mit welchen Schritten möchten Sie Ihre nächsten Ziele/ Ihr nächstes Ziel erreichen? Wer kann Sie unterstützen?
	Das war heute besonders gelungen im Bereich Unterrichten...
	Das war heute besonders gelungen im Bereich Erziehen...

	Was liegt Ihnen besonders am Herzen, das wir unbedingt miteinander besprechen sollten?
	Das war heute besonders gelungen im Bereich Diagnostizieren, Beraten, Fördern, Beurteilen …
	Was waren die drei besten Aspekte Ihrer Stunde?
	Was war der beste Teil der Stunde?
	Was war der zweitbeste Teil der Stunde?

	Was war der drittbeste Teil der Stunde?
Kurzübersicht Gesprächsablauf 1. Gesprächseinstieg 2. Bemerkenswertes – Schwerpunkte setzen 3. Wahrnehmungsaustausch 4. Besprechungspunkte beschreiben, deuten, Alternativen 5. Handlungsfelder – Zielvereinbarungen 6. Abschluss	Sind Sie damit einverstanden, dass das Gespräch über Ihren Unterricht wie folgt gegliedert wird?
	Mit welchen konkreten Handwerkszeugen konnten Sie und die Schüler/innen besonders gut arbeiten?
	Wenn Sie eine Emotionskurve in Ihrer Unterrichtsstunde ziehen, wo schlägt sie besonders nach oben ins Positive aus? Woran erkennen Sie das?
	Was ist für Sie der Schlüssel zum Erfolg für gelingendes Unterrichten? Gibt es ein Schlüsselerlebnis, das Sie hatten?

	Was haben Sie in Ihrem Unterricht heute besonders gelernt oder verstanden?
	Von wem haben Sie Unterstützung bekommen? Was hat Ihnen geholfen?
	Das war im Unterricht eine gute Idee...
	Welche Ihrer Schüler haben heute eine Krone als Auszeichnung verdient? Wofür haben Sie heute eine Auszeichnung verdient?
	Welchen Moment in der Stunde möchten Sie am liebsten festhalten? Weswegen?

Wenn Sie an Ihren Unterricht denken:
Was ist Ihnen in der Stunde
gut gelungen?
Was noch?
Was noch?

Wenn Sie an Ihren Unterricht denken:
Woran können Sie erkennen,
dass das, was Ihnen gut gelungen ist,
eine Stärke von Ihnen ist?
Woran noch?
Woran noch?

Woran möchten Sie genau
weiter arbeiten?

Wie können Sie etwaige Fehler
im Unterricht als Chance und Helfer
betrachten
für sich?
- für die Schüler/innen?

Was und wen brauchen Sie, um weiterhin erfolgreich arbeiten zu können?
Woran genau möchten Sie als Nächstes
weiter arbeiten?

	Wo und wie konnten sich die Schüler/inne/n aktiv beteiligen?
	Wem danken Sie dafür, dass Sie vieles Gutes in Ihrem Unterricht leisten können? Wem noch? Wem noch?
	Um meine Ziele zu erreichen benötige ich folgende Hilfestellung (z. B. von außen durch weitere Personen oder durch persönliche Ressourcen, ...)
	Wenn Sie Ihre Schüler fragen würden, woran können diese erkennen, was Sie heute in Ihrem Unterricht. gut gemacht haben? Was würden die sagen, wie Sie das machen?
	Wer ist Ihr größter Fan Ihres Unterrichts? Woran erkennen Sie das?

	Welche förderliche Wirkung hatte Ihre Lehrerintervention im Unterricht? Wie weit reichen die förderlichen Wirkungen Ihrer Lehrerintervention (wirken sie gleich oder später)?
	Welche lernwirksamen und positiven Prozesse haben Sie in Ihrer Stunde bei den Schüler/inne/n angestoßen?
	An welcher Stelle im Unterricht hatten die Schüler/inne/n eine Gelegenheit, sich ihren Lernzuwachs bewusst zu machen?
	Wenn Sie Ihre Schüler/Ihre Kollegen/Ihre Freunde/Ihren Lebenspartner/Ihre Eltern fragen würden, woran können die erkennen, dass Sie Ihr schulisches wirken gut erfüllen was würden die sagen, wie Sie das machen?
	Wo kann man Sie unterstützen und Ihnen Hilfe anbieten?

	Wie sind Sie in ______________ so gut geworden? Wie haben Sie das gemacht, dass Sie das jetzt so gut können und dass Ihnen das jetzt so gut gelingt?
	Was haben Sie mit Ihrem Unterricht heute erreicht?
	Worin möchten Sie besser werden?
	Was fällt Ihnen in Ihrem Unterricht besonders leicht? Wie haben Sie das gemacht, dass Ihnen das so leicht fällt und dass Ihnen jetzt so gut gelingt?
	Wo stehen Sie in Ihrem schulischen Wirken zurzeit? Wo möchten Sie wann sein?

	Welches Thema war für Sie im Rückblick auf das Gespräch am wichtigsten? Welche drei Dinge wollen Sie sich für die Weiterarbeit vornehmen? In welcher Form wünschen Sie sich das nächste Gespräch?
	Um Ziele zu vereinbaren, ist es sinnvoll, zu überlegen, worüber sich Gedanken gemacht wird...
	Sie haben mir jetzt erzählt, was Ihnen gut gelungen ist. Wie haben Sie das genau gemacht, dass Ihnen das in Ihrem Unterricht gelungen ist?
	Was ist in der Stunde anders gelaufen als geplant? Was hat Sie irritiert? Wenn Sie Ihre Schüler fragen würden, was würden diese sagen, was sie in der Situation gebraucht hätten?
	Woran können Sie erkennen, dass Sie in Bezug auf das, was Sie sich vorgenommen haben, einen Schritt weiter gekommen sind?

	Welche Wünsche haben Sie in Bezug auf Ihr schulisches Wirken?
Unterricht stärkenorientiert reflektieren Stärken stärken – Talente fördern – Schwächen bewältigen	

6 Anlassbezogene Gespräche sicher führen

Neben informellen Gesprächen zwischen Tür und Angel gibt es eine Reihe anlassbezogener Gespräche. Dazu gehören u. a. Gespräche zur Beurteilungseröffnung, Entwicklungsgespräche aufgrund schwacher Leistungen der Lehrkraft im Rahmen der Personalentwicklung, Gespräche aufgrund der Fürsorgepflicht der Lehrkraft gegenüber, Schlichtungsgespräche, Willkommensgespräche nachdem eine Lehrkraft wieder an die Schule zurückkommt sowie Exzellenzgespräche zur Mitarbeiterförderung in Bezug auf die Personalentwicklung und Karriereperspektive. Aufbereitet wurden die Gesprächstypen mit einer Kurzbeschreibung, einer Abfolge von chronologischen Schritten, Tipps zur Ausgestaltung eines jeden einzelnen Schritts sowie allgemeinen Aufmerksamkeitsrichtungen.

6.1 Beurteilungseröffnung

In der Schule erhalten Lehrkräften periodische Beurteilungen und damit in regelmäßigen Abständen Rückmeldung zu ihren bisherigen Leistungen in der Schule. Wird das Gespräch konstruktiv geführt, ist es ein Mittel der Mitarbeiterführung und zugleich ein Steuerungsinstrument für die berufliche Entwicklung der Lehrkraft.

Schrittfolge	Tipps
Vorbereitung	• Rechtzeitig den Rahmen bekannt geben, z.B. Eröffnung der periodischen Beurteilung steht an, dazu ist folgender Ablauf vorgesehen • Bei schriftlichen Beurteilungen: Beachten rechtlicher Vorgaben und Fristen, evtl. rechtzeitiges vorheriges Versenden der Beurteilung, sodass die Lehrkraft sich vorab einlesen und orientieren kann • Korrektheit der Angaben überprüfen • Termin bekannt geben • Als Gesprächsleitung die Beurteilung nochmals vor dem Gespräch lesen, etwaige Aufzeichnungen heranziehen • Progression der Lehrkraft einschätzen
Begrüßung, Anlass und Ziel	• Smalltalk zu Beginn • Anlass des Gesprächs und dessen Ablauf benennen • Formalitäten einer (periodischen) Beurteilung erläutern (Zeitraum, Aspekte, ...) • Arbeitssituation und -zufriedenheit • Aktuelle Aufgabenfelder der Lehrkraft benennen
Eröffnung und Differenzierung	• Über die Beurteilung ins Gespräch kommen, falls noch nicht vorher versandt, aushändigen und Zeit zum Lesen ermöglichen • Das Wesentliche herausstellen und würdigen, ggf. Optimierungsfelder benennen, Beispiele im Verhalten der Lehrkraft benennen, die dies belegen • Beobachtete (positive) Entwicklungen herausstellen • Im Rahmen stärkenorientierter Gesprächsführung den Fokus auf positive Fähigkeiten und Leistungen der Lehrkraft legen • Ergänzend Schwachstellen und Entwicklungsfelder benennen

Rückfragen der Lehrkraft	• Verständnisfragen ermöglichen • Über Unklarheiten ins Gespräch kommen, Dialog ermöglichen • Abweichende Wahrnehmungen belegen (lassen) • Als Gesprächsleitung auf emotionale Reaktionen gefasst sein
Perspektivische Entwicklung	• Wünsche der Lehrkraft zu Tätigkeitsfeldern (z. B. Steuergruppenmitglied, Praktikumslehrkraft, Funktionsstellen, ...) registrieren • Künftige Anforderungen an die Lehrkraft benennen • Entwicklungsfelder (gemeinsam) eruieren • Fortbildungswünsche und -bedarfe festhalten • Vereinbarungen treffen, schriftliches Festhalten von vereinbarten Maßnahmen und Zielvereinbarungen (auch zeitversetzt möglich) • Unterstützung anbieten
Abschluss	• Wertschätzende zusammenfassende Worte der Gesprächsleitung • Unterschriften und Kopien zur Aushändigung beachten • Ausblick geben: Positiven und zuversichtlichen Ausblick geben, wenn er gegeben ist, ermutigen der Lehrkraft

Aufmerksamkeitsrichtungen zum Beurteilungsgespräch

- Lehrkräften mit langer Berufserfahrung und evtl. hohem Status scheuen sich nicht im Rahmen der Beurteilungseröffnung fachliche, ggf. auch an die Gesprächsleitung persönliche kritische Fragen zu stellen. Dies kann die Gesprächsleitung zulassen, so lange es nicht unsachlich oder zeitlich ausufernd wird. Ist Letzteres der Fall, kann die Gesprächsleitung unterbrechen und auf den Rahmen und das Ziel des Beurteilungsgesprächs verweisen.
- Um Beurteilungen im Gespräch, aber auch im Falle juristischer Überprüfungen nachvollziehbar zu machen, sind nachvollziehbare Beispiele und Belege (evtl. mit Datumsangabe) notwendig, um faktenorientiert und individuell personenzentriert ins Gespräch zu kommen.
- Der Nachbereitung des Gesprächs kommt insofern eine Bedeutung zu, indem die Gesprächsleitung kurz ihre Eindrücke und Behaltenswertes, z. B. zu Karrierewünschen, festhält, um im Rahmen der Schulentwicklung unterstützend wirken zu können.
- Vermieden werden sollte unbedingt, Vergleiche zwischen Lehrkräften und deren Leistung in dem Beurteilungsgespräch anzustellen.
- Im Vorfeld der Beurteilung kann es sinnvoll sein, dass Lehrkräfte »Werbung in eigener Sache« machen können, indem sie die für sich selbst als beurteilungsrelevanten Fakten dem Ansprechpartner zur Verfügung stellen, sei es in einer Auflistung oder auch in einem Lehrerportfolio.
- Ändern lässt sich eine Beurteilung im Schulsystem nur bei falschen Fakten oder bei Missverständnissen in der Wortwahl.
- Insgesamt sollte ein Beurteilungsgespräch zu weiterer intensiver Auseinandersetzung der Lehrkraft mit ihrem Berufsfeld unterstützen und nicht demotivieren.

Entwicklungsgespräch aufgrund schwacher Leistungen der Lehrkraft | 6.2

Schwache Leistungen von Lehrkräften werden im Rahmen der Personalführung und -entwicklung geführt. Ziel ist es, die Lehrkraft auf ein Defizit aufmerksam zu machen und durch konstruktive Überlegungen zu Änderungen im Verhalten und Handeln zu bewegen. Grundsätzlich geht es darum, Lehrkräfte in der positiven Bewältigung von Mängeln zu unterstützen (Zukunftsorientierung). Eine Diskussion über Schuld (Vergangenheitsorientierung) ist oft nicht zielführend und zu vermeiden.

Schrittfolge	Tipps
Vorbereitung	• Mangel oder Mängel im Verhalten der Lehrkraft mit Beispielen (und ggf. Datum) belegen • Eigene Emotionen ausblenden • Einen passenden Zeitpunkt finden und das Gespräch der Lehrkraft ankündigen • Grundsätzliche Leistung der Lehrkraft einschätzen
Begrüßung, Anlass und Ziel	• Smalltalk zu Beginn • Anlass des Gesprächs und dessen Ablauf benennen • Emotional neutral agieren, Freundlichkeit ausstrahlen, keine Verärgerung zeigen • Wunsch nach konstruktivem Dialog ausdrücken Bewältigungsoptimismus ausstrahlen
Monierung	• Sachlich den Mangel, die konkreten Beobachtungen sowie ihre Wirkungen benennen • »Nichtdrumherumreden« • Keine Verurteilungen der Lehrkraft
Einschätzung der Lehrkraft	• Verständnisfragen ermöglichen • Über Unklarheiten ins Gespräch kommen, Dialog ermöglichen • Abweichende Wahrnehmungen belegen (lassen) • Als Gesprächsleitung auf emotionale Reaktionen gefasst sein
Beurteilung und Lösungsansätze	• Ausmaß und Konsequenzen eruieren • Bedürfnisse der Lehrkraft ernstnehmen • Zielvorstellung entwickeln • Handlungsplan aufstellen, konkrete Schritte vereinbaren und schriftlich festhalten • ggf. Überprüfungsgesprächstermin benennen • Konstruktive Unterstützung anbieten • Bewältigungsorientierung der Lehrkraft unterstützen
Abschluss	• Wertschätzende zusammenfassende Worte der Gesprächsleitung, trotz der Kritik • Positive Aspekte des Gesprächs hervorheben • Verabschiedung

Aufmerksamkeitsrichtungen zu Entwicklungsgesprächen aufgrund schwacher Leistungen der Lehrkraft

- Keine Verallgemeinerungen in der Darstellung des Mangels der Lehrkraft verwenden.
- Keinen zu großen zeitlichen Abstand vom Feststellen des Mangels zum Gespräch wählen.
- Kein Benennen des Mangels vor dem Kollegium in der Schule.
- Das Finden von Lösungsansätzen durch die Lehrkraft ist zu bevorzugen.
- Auf realistische Zielvorstellungen und Lösungsansätze zur Beseitigung des Mangels achten.
- Zur Beseitigung des Mangels Stärken der Lehrkraft mit einbeziehen.
- Überprüfung zur Wirksamkeit vereinbaren.
- Eine klare Zielvereinbarung treffen.
- Am Ende als Gesprächsleitung Zuversicht zur Bewältigung ausstrahlen. Der Lehrkraft einen Vertrauensvorschuss geben.
- Im Rahmen der Nachbereitung des Gesprächs Beobachtungen zum Fortschritt führen. Als Gesprächsleitung nicht nachtragend sein.
- Beseitigung des Mangels geht vor die Frage nach der Schuld.
- Keine euphemistische Wortwahl zur Beschreibung des Mangels. Klare Wort finden.
- Ein Vieraugengespräch bevorzugen. Nicht im Beisein Dritter, außer die Lehrkraft möchte eine Beteiligung, z. B. vom Personalrat.
- Auf mögliche Reaktionen der Lehrkraft gefasst sein: Zustimmung, Ablehnung, Ärger, Rechtfertigung, Ignoranz, Jammerei, Entschuldigung, Lernwilligkeit, Kontern mit Benennen von Mängeln der Gesprächsleitung in ihrer Tätigkeit im Schul- und Unterrichtsleben.
- Nicht akzeptabel sind Verletzungen der Dienstpflichten einer Lehrkraft. Andere Mängel können vorkommen, sollten sich aber nicht wiederholen.

- »Nicht mit Kanonen auf Spatzen schießen!«: Dazu gehört den Grad des Mangels mit dem passenden Gesprächsrahmen zu verbinden, um nicht zu große negative Emotionen bei der Lehrkraft hervorzurufen. Ist es ein kleiner Mangel, so kann er in kleinem Rahmen besprochen werden, handelt es sich um Dienstpflichtverletzungen, so ist eine offizielle schriftliche Vor-/Einladung notwendig.

Ausgewählte Verhaltensweisen von Lehrkräften im Rahmen von Entwicklungsgesprächen aufgrund schwacher Leistungen und Reaktionen der Gesprächsleitung

Verhalten der Lehrkraft	Mögliche Reaktion der Gesprächsleitung
Die Lehrkraft erklärt ihre Mängel mit persönlichen Problemen.	• Verständnis zeigen. • Zurückführen auf die Mängel der Lehrkraft. • Bewusstsein, dass man als Gesprächsleitung keine Therapeutenfunktion einnehmen kann, auf fachliche Spezialisten verweisen. • ggf. bei einem temporären Auftreten Arbeitserleichterungen ermöglichen. Dabei mittelfristige Zielvorstellung benennen.
Die Lehrkraft fühlt sich für die Mängel nicht selbst verantwortlich, sondern sachliche Umstände oder andere Kollegen.	• Darauf verweisen, dass es heute nur um die Leistung der Lehrkraft geht und nicht um andere. • Darauf verweisen, dass es darum geht, wie der Mangel beseitigt werden kann. • Gemeinsam Überlegungen anstellen, wie die Lehrkraft den Mangel selbst beseitigen kann.
Die Lehrkraft ist überfordert.	• Unterstützung anbieten. • Unterstützungssysteme aufzeigen. • Aufgabenverteilung oder -erleichterung eruieren. • ggf. Fortbildungswünsche ermöglichen.
Die Lehrkraft zeigt keine Einsicht.	• Konkrete Beispiele benennen. • Klare Erwartungen an das Verhalten der Lehrkraft als Gesprächsleitung formulieren.
Die Lehrkraft ist emotional getroffen.	• Zeit zum Beruhigen geben, ggf. als Gesprächsleitung schweigen und abwarten. • Emotional entlasten, den Mangel noch einmal benennen, Lösungsfindung anstreben.
Die Lehrkraft ist einsichtig.	• Die Einsicht zur Kenntnis nehmen, das konstruktive Miteinander hervorheben. • Zielvereinbarungen treffen.

6.3 Gespräch aufgrund der Fürsorgepflicht der Lehrkraft gegenüber

Anlass, ein Fürsorgegespräch zu führen, ist, dass die Gesprächsleitung persönliche, gesundheitliche oder soziale Probleme bei der Lehrkraft wahrgenommen hat. Ein Zusammenhang mit Suchtmittelkonsum ist (noch) nicht erkennbar. Bisher sind noch keine Dienstpflichtverletzungen der Lehrkraft im Schul- und Unterrichtsleben eingetreten, würden aber wahrscheinlich werden, wenn die Lehrkraft das gezeigte Verhalten fortsetzt. Die Absicht der Gesprächsleitung hinter dem Fürsorgegespräch ist, der Lehrkraft zu signalisieren, dass sie wahrgenommen wird und Unterstützung erhalten kann.

Schrittfolge	Tipps
Vorbereitung	• Auffälligkeiten sammeln, die zur Sorge Anlass geben • Rechtzeitig die Lehrkraft informieren und Termin festlegen
Begrüßung, Anlass und Ziel	• Smalltalk zu Beginn • Anlass des Gesprächs benennen • Vertraulichkeit betonen • Wunsch nach konstruktivem Dialog ausdrücken • Bewältigungsoptimismus ausstrahlen
Darstellung der Wahrnehmungen	• Bei Sorgen um die persönlichen, gesundheitlichen oder sozialen Belange der Lehrkraft, die eigenen Wahrnehmungen der Lehrkraft spiegeln, die auch im Schul- und Unterrichtsleben transparent werden. • Auswirkungen und Entwicklungen im Schul- und Unterrichtsleben benennen • Fragen, ob die Lehrkraft Unterstützung wünscht und wenn ja in welcher Form. • Zum Ausdruck bringen, dass die Gesprächsleitung die Lehrkraft als Person wertschätzt
Einschätzung der Lehrkraft	• Liegt in der Entscheidung der Lehrkraft, ob sie die Gründe für etwaige Probleme darlegen möchte • Erwartungen der Lehrkraft
Angebote schaffen	• sachgerechte Hilfeangebote machen • Unterstützung anbieten, ggf. auch externe Hilfen • Fragen, welche Ideen die Lehrkraft zur Situationsänderung hat • Deutlich machen, die Verantwortung zur Situationsänderung liegt bei der Lehrkraft, die Gesprächsleitung kann nur flankieren
Weitere Vorgehensweise	• Etwaige Problembearbeitungsmöglichkeiten andenken • Schritte zur Problemlösung festhalten • Gewünschte Unterstützung der Lehrkraft verschriftlichen • Künftige Gesprächsmöglichkeit anbieten oder festlegen
Abschluss	• Wertschätzende zusammenfassende Worte der Gesprächsleitung • Positive Aspekte des Gesprächs hervorheben • Nochmals Vertraulichkeit zusichern • Verabschiedung

Aufmerksamkeitsrichtungen zu Entwicklungsgesprächen aufgrund schwacher Leistungen der Lehrkraft

- Unterschied beachten, ob die Lehrkraft ein Fürsorgegespräch wünscht, z. B. wegen gesundheitlicher Probleme, oder ob die Gesprächsleitung ein Fürsorgegespräch ansetzt, wegen Auffälligkeiten im Arbeitsbereich der Lehrkraft im Schul- und Unterrichtsleben, z. B. bei Gesundheitsmängeln, Niedergeschlagenheit, Hinweisen auf Suchtproblematiken.
- Wünscht sich eine Lehrkraft ein Fürsorgegespräch, ist das ein großer Vertrauensvorschuss und/oder der Leidensdruck ist sehr stark. Deshalb sollte zwischen dem Wunsch der Lehrkraft nach einem solchen Gespräch und dem Termin dazu kein großer Zeitabstand liegen.
- Ziel ist eine Minderung oder Auflösung der Problematik und ein Verhindern einer Verfestigung oder Verstärkung des Problems.
- Bei echten Suchterkrankungen gibt es einen Stufenplan (z. B. Alkohol, Drogen oder Medikamente) zum Vorgehen. Dieser ist nicht Gegenstand dieser Veröffentlichung. Der Einstieg in den Stufenplan erfolgt erst dann, wenn die Dienstpflichtverletzungen mit dem Gebrauch von bzw. mit suchtbedingten Verhaltensweisen verbunden sind.
- Keine »Moralpredigt« halten.
- Als Gesprächsleitung nicht mit der Lehrkraft mitleiden.
- Als Gesprächsleitung nicht versuchen therapeutisch tätig zu wirken.
- Diagnosen stellen die Fachleute, nicht die schulische Gesprächsleitung.
- In einem passenden Zeitabstand ein Wiederholungsgespräch ansetzen.

- In Verschriftlichungen beachten: Schulen stellen keine Diagnosen, deshalb werden Vokabeln wie »Konsum«, »Missbrauch«, »Abhängigkeit« ersetzt durch risikoarmer Konsum, riskanter Konsum und schädlicher Konsum, »Suchtkrankheit« oder »Abhängigkeit« werden ersetzt durch Suchtgefährdung.

Schlichtungsgespräch 6.4

Ungelöste Konflikte zwischen und unter Lehrerkollegen sind hinderlich für die tägliche Arbeit im Schul- und Unterrichtsleben und können zusätzliche psychische Auswirkungen bei den am Konflikt Beteiligten mit sich bringen. Die Gesprächsleitung versucht in einem Schlichtungsgespräch zu erreichen, dass die Lehrkräfte ihre Konflikte offenlegen und gemeinsam konstruktive und nachhaltige Lösungen entwickeln.

Schrittfolge	**Tipps**
Vorbereitung	• Grundinformation über den Konflikt, die Konfliktbeteiligten und den Grad des Ausmaßes des Konfliktes strukturieren • Entscheiden, ob ein gemeinsames Gespräch oder Einzelgespräch(e) sinnvoll sind • Rechtzeitig die Lehrkraft/die Lehrkräfte informieren und Termin festlegen
Begrüßung, Anlass und Ziel	• Smalltalk zu Beginn • Anlass des Gesprächs benennen • Wunsch nach konstruktivem Dialog ausdrücken • Bewältigungsoptimismus ausstrahlen
Abgleich der Wahrnehmungen und ihre Auswirkungen	• Eigene Beobachtungen und ihre tatsächlichen (oder befürchteten) Auswirkungen benennen • Konfliktpunkte klar benennen, Vorgeschichte(n) mit einbeziehen • (weitere) Konfliktbeteiligte identifizieren • Konstruktive Lösungsfindung zentralisieren • Auf Beteiligung aller am Konflikt Involvierten achten
Einschätzung der Lehrkraft/ der Lehrkräfte	• Jeder der am Konflikt Beteiligten kann sich äußern • Auf Gesprächsregeln und Emotionen achten • Konfliktwurzel identifizieren
Beurteilung	• Konfliktauswirkungen eruieren und benennen • Zum Konfliktverhalten als Gesprächsleitung Stellung nehmen, ggf. Verständnis zeigen
Lösungsorientierung	• Wünsche der am Konflikt Beteiligten verbalisieren lassen • am Konflikt Beteiligte in der Lösungsfindung zur Beseitigung des Konflikts unterstützen • ggf. eigene Vorschläge einbringen • Zuversicht der Bewältigung ausstrahlen • Nutzen der Lösungsorientierung am konkreten Fall in seinen Auswirkungen aufzeigen • Klare Vereinbarungen treffen: Schritte zur Konfliktlösung festhalten, gewünschte Unterstützung der Lehrkraft/der Lehrkräfte verschriftlichen • Künftige Gesprächsmöglichkeit anbieten oder festlegen • Auf Anstrengungsbereitschaft aller am Konflikt Beteiligten hinweisen
Abschluss	• Wertschätzende zusammenfassende Worte der Gesprächsleitung • Positive Aspekte des Gesprächs hervorheben • Zuversicht der Konfliktlösung und -bewältigung ausstrahlen • Verabschiedung

Aufmerksamkeitsrichtungen zu Schlichtungsgesprächen
- Neutralität der Gesprächsleitung ist für das vertrauensvolle Gespräch notwendig.
- Klärende Fragen, keine Unterstellungen.

- Auf emotionale Reaktionen gefasst sein.
- Vorteilhaft ist es in den meisten Fällen, wenn alle am Konflikt Beteiligten am Schlichtungsgespräch beteiligt sind. Im Zwiegespräch könnten sonst wiederum nur schwer nachprüfbare Behauptungen über Dritte gestellt werden, die eine Konfliktlösung erschweren.
- Bei gravierenden Konflikten auf der Beziehungsebene ist i. d. R. ein Zwiegespräch sinnvoll.
- Die Gesprächsleitung nimmt hauptsächlich eine moderierende Haltung ein.
- Alle Parteien darin unterstützen, Sichtweisen, Bedürfnisse und Motive der Gegenseite zu verstehen, da jede Seite dazu tendiert, nur die eigene Sicht zu vertreten.
- Als Gesprächsleitung hervorheben: Konflikte sind im Gruppenprozess nicht nur unvermeidlich, sondern auch notwendig zur Weiterentwicklung aller Beteiligter.
- Unterscheiden: Konfliktursachen und Konfliktsymptome.
- Konfliktart herausarbeiten: Sachkonflikt, Beziehungskonflikt, Wertekonflikt, ...
- Als Schlichter wird die Gesprächsleitung entweder auf Bitte (einer) der streitenden Parteien aktiv oder um die Qualität des Schul- und Unterrichtslebens zu sichern.
- Die Gesprächsstruktur ist mit der Gesprächsleitung als Dritter neben den (beiden/mehreren) Konfliktparteien zu beschreiben.
- I.d.R. hat der Konflikt schon eine länger andauernde Vorgeschichte. Die Konfliktparteien sehen deshalb oft zu Beginn des Schlichtungsgesprächs die Aussicht auf Schlichtungserfolg als gering ein.
- Als Gesprächsleitung auf kleine und genaue Ziele achten, bei ungenauen oder zu großen Zielen droht ein Rückfall in den Konflikt.
- Als Gesprächsleitung nicht in die Retterrolle aus dem Dramadreieck verfallen (vgl. 10.2.), sondern Konflikte aktiv wahrnehmen und im Interesse der Schulqualität initiativ werden.
- Die Konfliktschlichtungsmöglichkeit muss im Einklang mit den Werten und Normen der Schule stehen.
- Es kann sinnvoll sein, vor dem Schlichtungsgespräch ein Sondierungsgespräch mit jeder Konfliktpartei zu führen, um den Boden für eine konstruktive Konfliktlösung im Interesse aller zu bereiten. Anderenfalls ist es zuweilen nur die Gesprächsleitung, die an einer Konfliktbeseitigung interessiert ist.
- Gemeinsamkeiten von Schlichtung und Mediation: Sowohl die Schlichtung als auch die Mediation beschäftigen sich mit Konflikten zwischen zwei oder mehreren Konfliktparteien. Ist der Konfliktstatus festgefahren, kann ein Schlichter als jeweils neutraler Dritter dabei helfen, die Kommunikation zwischen den Parteien zu leiten.
- Unterschiede zwischen Schlichtung und Mediation: Bei der Schlichtung handelt es sich um ein Verfahren der Konfliktlösung, bei dem die Gesprächsleitung als neutraler Dritte sogar aktiv an der Lösungsfindung mitarbeiten kann, wenn die Konfliktparteien keinen eigenen Lösungsweg finden. Im Mediationsverfahren hält sich die Gesprächsleitung selbst hingegen mit Vorschlägen zur Konfliktlösung zurück. Zu den Prinzipien der Mediation gehört, dass die Gesprächsleitung für einen strukturierten Ablauf des Verfahrens sorgt und die Konfliktparteien dabei unterstützt, dass sie selbst eine Lösung für den Konflikt erarbeiten.

6.5 Willkommensgespräch

Das Willkommensgespräch umfasst ein oder mehrere Gespräche nach Abwesenheit der Lehrkraft. Das kann z. B. positiv bedingt sein, z. B. der Wiederbeginn nach der Elternzeit (Schwangerschaft ist keine Krankheit!) oder mit problematischeren Hintergründen, z. B. Gespräche mit einer Lehrkraft, die wieder beginnt nach längerer Erkrankung. Die Umformulierung des klassischen Krankenrückkehrgesprächs in Willkommensgespräch ist bewusst gewählt und symbolisiert die Grundhaltung der Gesprächsleitung, die Lehrkraft willkommen zu heißen für eine Bereicherung des Schul- und Unterrichtslebens. Bei Gesprächen zum Wiederbeginn nach Krankheit der Lehrkraft ist es u. a. ein Ziel zu eruieren, Krankheitsgründe zu besprechen und für eine soweit mögliche Beseitigung der Ursachen zu sorgen.

Schrittfolge	**Tipps**
Vorbereitung	• Grundinformationen über die Fehlzeiten und mögliche Gründe sammeln • Rechtzeitig die Lehrkraft informieren und Termin festlegen
Begrüßung, Anlass und Ziel	• Smalltalk zu Beginn • Anlass des Gesprächs benennen, Fürsorgepflicht ansprechen • Freude ausdrücken, dass die Lehrkraft wieder da ist • Aspekt der Vertraulichkeit der Inhalte gegenüber anderen benennen • Wunsch nach konstruktivem Dialog ausdrücken Bewältigungsoptimismus zum »Neustart« der Lehrkraft im Schul- und Unterrichtsleben ausstrahlen
Abgleich der Wahrnehmungen und ihre Auswirkungen	• Bezug zur letzten Erkrankung oder Ausfallzeit herstellen • Mögliche Ursachen am Arbeitsplatz und den Arbeitsbedingungen der Lehrkraft abklären • Wünsche der Lehrkraft zum »Neustart« thematisieren
Bewältigungsschritte erfassen	• Es liegt in der Entscheidung der Lehrkraft, ob sie die Gründe für Ausfallzeit(en) darlegen möchte. • Mitarbeitererwartungen erfassen • Erwartungen der Gesprächsleitung zum »Neustart« transparent machen, Aufgaben klar beschreiben
Beurteilung der Maßnahmen	• Auswirkungen der Anforderungen und Erwartungen beider Seiten eruieren und benennen
Eingliederungsorientierung	• Fragen, welche Ideen zum »Neustart« die Lehrkraft hat • sachgerechte Hilfeangebote machen • Unterstützung anbieten, ggf. auch externe Hilfen • Deutlich machen, die Verantwortung zum »Neustart« liegt bei der Lehrkraft, die Gesprächsleitung kann nur flankieren • ggf. eigene Vorschläge als Gesprächsleitung einbringen • Zuversicht der Bewältigung ausstrahlen • Nutzen der Lösungsorientierung am konkreten Fall in seinen Auswirkungen aufzeigen • Klare Vereinbarungen treffen: Schritte zum »Neustart« vereinbaren • Künftige Gesprächsmöglichkeit anbieten oder festlegen
Abschluss	• Wertschätzende zusammenfassende Worte der Gesprächsleitung • Positive Aspekte des Gesprächs hervorheben • Zuversicht der Bewältigung ausstrahlen • Verabschiedung

Aufmerksamkeitsrichtungen zu Willkommensgesprächen

- Das Willkommensgespräch so zeitnah wie möglich am oder rund um den ersten Arbeitstag der Lehrkraft führen.
- Mit jeder Lehrkraft, die länger ausfällt, ein Willkommensgespräch führen.
- Freude zum Ausdruck bringen, dass die Lehrkraft wieder aktives Mitglied der Schulgemeinschaft ist und ihren Wert für diese hervorheben.
- Die Lehrkraft über alle Informationslücken informieren, die in der Fehlzeit entstanden sind, z. B. Konferenzbeschlüsse o. Ä.
- Bei häufigen Fehlzeiten als Gesprächsleitung möglichen Gründen nachspüren, z. B. Unzufriedenheit in der Schule oder Krankheit als Flucht.
- Nach längerer Erkrankung evtl. mit dem Arzt und der Lehrkraft einen Wiedereingliederungsplan erstellen. (Langzeiterkrankte) Lehrkräfte müssen ihre behandelnden Ärzte nicht von der Schweigepflicht entbinden.

- Die Privatsphäre der Lehrkraft respektieren, wenn sie den Krankheitsgrund nicht nennen möchte.
- Vertraulichkeit der Gesprächsinhalte beachten.
- Evtl. nach jeder Fehlzeit ein (kurzes informelles) Willkommensgespräch führen, auch z. B. nach einer mehrtägigen Fortbildung der Lehrkraft.

6.6 Exzellenzgespräche

Das Exzellenzgespräch ist ein Instrument der Personalentwicklung, mit dessen Anwendung mit herausragenden Lehrkräften, aufgrund hervorragender persönlicher und fachlicher Kompetenzen, Möglichkeiten der Bewährung auf weiteren Feldern der Schul- und Unterrichtsentwicklung oder Funktionsstellen, z. B. in der (erweiterten) Schulleitung, fachliche Leiter usw., besprochen werden. Dazu gehören im Beobachtungszeitraum der Gesprächsleitung auffallend gute Leistungen der Lehrkraft über einen längeren Zeitraum im Schul- und Unterrichtsleben. Im Unterschied zum Beurteilungsgespräch sind Lehrkräfte in Exzellenzgesprächen nicht Empfänger von Beurteilungen, sondern sie gestalten das Gespräch aktiv mit und treffen eine Entscheidung, ob sie sich weiteren Tätigkeitsfeldern öffnen möchten.

Schrittfolge	Tipps
Vorbereitung	• Arbeit und Leistung der Lehrkraft im Beobachtungszeitraum einschätzen, ein umfangreiches Bild über die aktuelle berufliche Situation der Lehrkraft, in der sich die Lehrkraft befindet, machen • Progression und Potenziale der Lehrkraft einschätzen • Umfangreiches und vielseitiges Gesamtbild der Lehrkraft aufbauen durch Erweiterung der eigenen Einschätzung mit Wahrnehmungen anderer relevanten Personen. • Rechtzeitig die Lehrkraft informieren und Termin festlegen
Begrüßung, Anlass und Ziel	• Smalltalk zu Beginn • Anlass des Gesprächs und dessen Ablauf benennen • Arbeitssituation und -zufriedenheit • Aktuelle Aufgabenfelder der Lehrkraft benennen • Rückschau auf den vergangenen Arbeitsabschnitt im Schul- und Unterrichtsleben miteinander halten
Angebot	• Über die Leistungen ins Gespräch kommen, das Wesentliche herausstellen und würdigen • Beobachtete (positive) Entwicklungen herausstellen • Wünsche der Lehrkraft zu Tätigkeitsfeldern (z. B. Steuergruppenmitglied, Praktikumslehrkraft, Funktionsstellen, ...) ansprechen • Darbieten der Pläne und Anliegen der Gesprächsleitung als Angebot • Begründen, weswegen die Lehrkraft aus Sicht der Gesprächsleitung zur Bewältigung neuer Herausforderungen geeignet scheint
Rückfragen der Lehrkraft	• Verständnisfragen ermöglichen • Über Unklarheiten ins Gespräch kommen, Dialog ermöglichen
Perspektivische Entwicklung	• Fortbildungswünsche und -bedarfe festhalten • Vereinbarungen treffen zu einer möglichen Entscheidung zur (Nicht-) Übernahme der schulischen Angebote • Unterstützung anbieten
Abschluss	• Wertschätzende zusammenfassende Worte der Gesprächsleitung • Ausblick geben: Positiven und zuversichtlichen Ausblick geben, Ermutigen der Lehrkraft

Aufmerksamkeitsrichtungen im Exzellenzgespräch

- Durch Fortbildungen und entsprechende Abstimmungen des Arbeitskontexts erhalten Lehrkräfte die Möglichkeit, ihr Potenzial auszuschöpfen und sich in Herausforderungen zu bewähren.
- Als Gesprächsleitung nicht persönlich nehmen, wenn Angebote zur beruflichen Weiterentwicklung von der Lehrkraft nicht angenommen werden.
- Weiter im Gespräch mit der Lehrkraft bleiben und ihre Stärken stärken und in Entwicklungsfeldern unterstützen.

7 Schwierige Situationen in Gesprächen

Was als Gesprächsleitung als schwierig empfunden wird, ist individuell verschieden. Im Folgenden werden ausgewählte Handlungsweisen von Gesprächspartnern gegenüber der Gesprächsleitung thematisiert und Handlungsoptionen aufgezeigt, um als Gesprächsleitung weiterhin die Gesprächsführung zu behalten. Um eine positive Grundeinstellung als Gesprächsleitung zu bewahren, ist es hilfreich sich vor Augen zu führen, dass Gesprächspartner, die schwierig sind, oft selbst Schwierigkeiten haben. Die für den anderen oft als unangenehm empfundene Form, die diese »schwierigen« Personen mit ins Gespräch einbringen, wird von diesen als Verhalten zur eigenen Problemlösung betrachtet und ist damit nicht mit der Person der Gesprächsleitung verbunden.

7.1 Die Lehrkraft schweigt und äußert sich nicht

Situationsdarstellung:
Die Lehrkraft äußert sich im Gespräch überhaupt nicht oder stoppt den Dialog, nachdem sie vorher sich geäußert hat, indem sich nichts mehr sagt.

Handlungsoptionen:

- Das Schweigen paraphrasieren: Mir fällt auf, dass Sie nun seit längerem nichts mehr gesagt haben. Wie kann ich das deuten?
- Das Schweigen aushalten. Dabei auf die eigene nonverbale Kommunikation und die der Lehrkraft achten. In Verbindung mit Augenrollen, Bewegung der Hände, Blickrichtung unterstreichen die Beteiligten im Gespräch bewusst oder unbewusst ihre Absicht. Das lässt Deutungsmöglichkeiten zu.
- Zum Schweigen eine Frage stellen: Was geht im Moment in Ihnen vor?
- Sich als Gesprächsleitung bewusst machen: Schweigen ist eine Form der Kommunikation, auch wenn nichts gesagt wird. Das erleichtert das Aushalten, selbst als Gesprächsleitung nicht in einen erhöhten Rededruck und -fluss zu kommen, um die Stille und eigene Unsicherheit zu überspielen.
- Das Schweigen als aktive Handlung der Lehrkraft im Gespräch als Gesprächsleitung reflektieren: Geht es um beispielsweise um Macht, weil das Nichtreden Raum für Spekulationen für die Gesprächsleitung eröffnet, weswegen die Lehrkraft sich nicht äußert? Hinter dem Schweigen kann sich eine höfliche, kluge, manipulative, unpassende oder beleidigende Absicht verstecken. Worüber wird geschwiegen? Wie wird geschwiegen? Weshalb wird geschwiegen?
- Als Gesprächsleitung die Beziehungsebene zur Lehrkraft prüfen oder verstärken, denn das Schweigen beeinflusst v.a. die Beziehungsebene und weniger die Inhaltsebene eines Gesprächs.
- Braucht oder nimmt sich die Lehrkraft einfach eine Pause zur Erholung, zum gedanklichen Nacharbeiten einer vorher besprochenen Information?
- Als Gesprächsleitung beachten, dass es auch kulturell bedingte Unterschiede gibt, in denen über manche Inhalte eher gesprochen wird (oder eben nicht).

Die Lehrkraft hört nicht auf zu reden 7.2

Situationsdarstellung:
Die Lehrkraft beansprucht für sich einen sehr hohen Redeanteil und es kommt eher zu einem Monolog der Lehrkraft als zu einem gemeinschaftlichen Gespräch.

Handlungsoptionen:
- Den Zeitrahmen für ein solches Gespräch festlegen und auch während des Gesprächs noch einmal darauf hinweisen. Wir haben 30 Minuten und folgende Punkte (...) sind mir wichtig. Worüber möchten Sie sprechen und wie soll die Zeit aufgeteilt werden?
- Die Erlaubnis zum Unterbrechen der Lehrkraft unterstellen, mit Namen ansprechen und den Nutzen der Unterbrechung herausstellen: »Frau Meier, ich unterbreche Sie kurz für einen wichtigen Punkt in diesem Gespräch...«
- Unterbrechen und zusammenfassen: »Frau Meier, ich fasse kurz die drei wichtigsten Punkte zusammen, von denen Sie erzählt haben...«
- Spiegeln der emotionalen Äußerungen der Lehrkraft durch die Gesprächsleitung senkt das Bedürfnis der Lehrkraft diese durch Wiederholung zum Ausdruck zu bringen: »Frau Meier, der Länge Ihres Erzählens greife ich ab, dass Sie (benennen der Emotion)... Ich habe den Eindruck, dass...«
- Spiegeln der Werte der Lehrkraft durch die Gesprächsleitung senkt das Bedürfnis der Lehrkraft diese durch Wiederholung zum Ausdruck zu bringen: »Frau Meier, Ihnen ist besonders wichtig darzustellen, dass...«
- Aktives Zuhören verstärkt den Redefluss der Lehrkraft. Deshalb Handlungsweisen wie »Oh. Mmh.«, »Ah.«, »Interessant.«, »Wichtiger Punkt.«, »Genau.« sowie Kopfnicken u. a. als bestätigende Gesten und Aussagen vermeiden.
- Eher wenig offene Fragen stellen, die ein ausschweifendes Antworten ermöglichen.
- Die Lehrkraft die eigenen Thematiken hierarchisieren lassen. »Frau Meier, ich unterbreche Sie für einen Moment. Welches der von Ihnen angesprochenen Themen ist für Sie das wichtigste, über das Sie mit mir sprechen möchten?«
- Ein Ende des Gesprächs ankündigen, um stundenlange Gespräche ohne nennenswertes Ergebnis zu vermeiden. »Frau Meier, wir haben jetzt noch fünf Minuten Zeit. Bevor wir gleich zum Ende kommen, sollten wir noch folgenden Punkt näher betrachten...«

Die Lehrkraft ist unfreundlich 7.3

Situationsdarstellung:
Die Lehrkraft verhält sich unfreundlich. Unfreundlichkeit ist dabei eine offene oder subtile Äußerung von Negativität, die z. T. nur an der Stimmlage oder Körperhaltung von der Gesprächsleitung wahrzunehmen ist.

Handlungsoptionen:
- Nicht selbst unfreundlich reagieren, auch wenn die Situation Verunsicherung bei der Gesprächsleitung auslöst, weil man z. B. den Grund für die Unfreundlichkeit nicht einschätzen kann.
- Wirkung der Lehrkraft beschreiben und spiegeln: »Ich möchte Ihnen gerne mitteilen, dass ich mich von Ihnen unfreundlich behandelt fühle. Gibt es für das Verhalten einen bestimmten Grund?«
- Sich als Gesprächsleitung bewusst machen, dass das Verhalten der Lehrkraft sehr oft mehr mit ihr als mit dem anderen zu tun hat. Ein Großteil der unfreundlichen und respektlosen

Lehrkräfte zeigen anderen, dass sie mit sich selbst unglücklich sind. Dieses Problem der Lehrkräfte nicht zum eigenen Problem machen und sich als Gesprächsleitung abgrenzen.

- Die Perspektive des anderen wahrnehmen und dadurch die Bereitschaft zum Austausch zum Ausdruck bringen: »Ich habe Ihre Meinung und Perspektive zu diesem Thema wahrgenommen. Was ist Ihrer Ansicht nach meine Aufgabe in diesem Gespräch?«
- Die emotionale Wirkung beschreiben und eine empathische Reaktion darauf anbieten: »Aus Ihren Äußerungen entnehme ich, dass Sie sehr ungehalten sind und/oder auf dieses Thema nicht gut zu sprechen sind. Deute ich das richtig?
- Zurück zum Anfang-Angebot: »Ich nehme wahr, aus meiner Sicht gingen die letzten Minuten in die falsche, eher unfreundliche Richtung. Sollen wir beide nochmal von vorn anfangen?«
- Als Gesprächsleitung Grenzen setzen: »Die Art und Weise, wie Sie mit mir sprechen gefällt mir nicht und wirkt auf mich unfreundlich. Sie können sich entscheiden, freundlich(er) und sachlich zu bleiben oder wir beenden das Gespräch.«
- Als Gesprächsleitung das Gespräch beenden: »In dieser Form möchte ich nicht das Gespräch weiterführen und auch keine weiteren Gespräche führen. Wenn es Ihnen gelingt ein positives Miteinander im Gespräch zu gestalten, bin ich gerne wieder bereit.«

7.4 Die Lehrkraft greift die Gesprächsleitung verbal an

Situationsdarstellung:
Die Lehrkraft greift die Gesprächsleitung an. Unter einem persönlichen Angriff ist hier eine verbale Äußerung gemeint, die versucht, die Gesprächsleitung als gesamte Person zu treffen und zu verletzen.

Handlungsoptionen:

- Nicht mit Gegenaggression reagieren.
- Grenzen setzen: »Die Gefühle, wie Sie sie empfinden, sind in Ordnung. Wie Sie sie mir gegenüber zum Ausdruck bringen nicht. Ich bitte Sie für den weiteren Verlauf des Gesprächs auf (…) zu verzichten.«
- Auf Gesprächsregeln verweisen: »Beleidigungen oder Unterstellungen gehören nicht zu einem Gespräch auf Augenhöhe. Wenn Sie nicht damit aufhören, wird das Gespräch abgebrochen.«
- Versuchen den Zusammenhang zwischen dem Inhalt des Gesprächs mit der Reaktion mit der Lehrkraft zu reflektieren: Ich stelle fest, dass Sie sehr heftig auf unseren Gesprächsinhalt reagieren. Können Sie mir erklären, was sich hinter der Reaktion verbirgt? Was ist das Ziel, das Sie mit dieser Reaktion erreichen möchten?
- Aggressionsenergie der Lehrkraft umlenken: »Ich stelle fest: Ihre Reaktion ist sehr energiegeladen. Inwiefern könnten Sie diese Energie zur Lösung der Situation einsetzen? Was kann ich dazu beitragen? Was wird Ihr Beitrag sein?«
- Das Gespräch beenden: »In einer ruhigen und sachlichen Form, bin ich grundsätzlich bereit, mit Ihnen zu sprechen. In anderen Fällen beende ich das Gespräch.«
- Auf die Aggression nicht eingehen: »Herzlichen Dank für Ihre Schilderung. So habe ich die Dinge noch gar nicht betrachtet. Was ist Ihr Ziel für den weiteren Gesprächsverlauf?«
- Als Gesprächsleitung die Lehrkraft keinesfalls darauf hinweisen, dass sie sich beruhigen soll. Das erregt die Lehrkraft noch mehr auf, weil ihre das Recht abgesprochen wird, sich aufzuregen.
- Je nach Art der Situation ggf. eine empathische Reaktion anbieten: »Habe ich Sie richtig verstanden, dass…«

Im Irrgarten der Gesprächsführung | 8

Nicht nur die Lehrkraft als Gesprächspartner kann ein Gespräch belasten, auch Verhaltensweisen und Handlungen der Gesprächsleitung können einen Dialog negativ beeinflussen. Dann gibt es keine weitere Progression im Dialog. Ist sich die Gesprächsleitung einzelner »Irrwege« und Rollen der Gesprächsführung bewusst, kann sie entgegensteuern und sich bewusst verhalten, um aus dem »Irrgarten« einen zielführenden Weg im Gesprächsverlauf anzustreben. Im Folgenden ist jeweils die Fehlform der Gesprächsleitung als Irrweg in ihrer Rolle und als Antagonist der Zielweg beschrieben. Der Zielweg dient als Landkarte zur Selbstreflexion für die Gesprächsleitung, welche vereinzelten Irrwege sie bevorzugt beschreitet, um bewusst gegenzusteuern. Manchmal ist es erst in der Nachbereitung eines Gesprächs möglich, als Gesprächsleitung einen Irrweg zu erkennen. Stete Übung und Selbstreflexion ist der Ausweg vom »Irrweg« zum »Zielweg«.

Irrweg der Gesprächsleitung: Rechthaber | 8.1

Fehlform: Die Gesprächsleitung vertritt offensiv den eigenen Standpunkt und möchte in bestimmten Punkten unbedingt Recht behalten (klassischer Satz der Gesprächsleitung auf Äußerungen der Lehrkraft: Ja, das stimmt alles, was Sie sagen, aber…).

Antagonist: Die Meinung der Lehrkraft achten. Eigene Vorschläge nur anbieten, wenn man als Gesprächsleitung einen Auftrag dazu hat. Je nach Gesprächsintention und -verlauf kann es sinnvoll sein, eigene Handlungsmöglichkeiten der Gesprächsleitung, die die Lehrkraft umsetzen soll, aufzuzeigen. Dies sollte allerdings mit Bedacht geschehen und wertschätzend der Lehrkraft gegenüber benannt werden, immer im Bewusstsein, dass in der konkreten Umsetzung im Schul- und Unterrichtsleben die Gesprächsleitung nahezu keine Kontrollfunktion hat. Davon ausgenommen sind Dienstanweisungen, z. B. bei Dienstrechtverletzungen wie etwa der Aufsichtspflicht, Unpünktlichkeit der Lehrkraft usw., die nicht diskutabel sind.

Irrweg der Gesprächsleitung: Schnelldiagnostiker | 8.2

Fehlform: Die Gesprächsleitung steckt die Lehrkraft vorschnell und verallgemeinernd in eine Schublade, verliert dadurch das Individuelle des Gegenübers aus dem Blick und versetzt u. U. die Lehrkraft in Schrecken, wenn sie ihre »Diagnose« mitteilt (klassischer Satz der Gesprächsleitung: »So wie Sie mir das schildern ist das eine klassische Form von anstehendem Burnout, wenn Sie die Arbeitshefte einer Klasse nicht von einem Tag auf den anderen korrigieren können.«).

Antagonist: Der Lehrkraft genau zuhören, die Individualität des Gegenübers im Blick behalten. Informationen mit der Lehrkraft zu einem Themengebiet sammeln und strukturieren, um zusammen mit der Lehrkraft Lösungsansätze zu entwickeln.

8.3 Irrweg der Gesprächsleitung: Bagatelldeliktbegeher

Fehlform: Die Gesprächsleitung beurteilt Belange der Lehrkraft als nahezu bedeutungslos, spielt diese Belange deswegen herunter oder die Belange sind so bedeutungsschwer, dass die Gesprächsleitung sie (für sich und/oder die Lehrkraft) herunterspielen möchte (klassischer Satz der Gesprächsleitung: »Das ist nicht so schlimm, dass…, kein Grund zur Aufregung…, Das wird schon wieder…«).

Antagonist: Als Gesprächsleitung aktiv zuhören, bei eigenen Unsicherheiten mit Skalierungen arbeiten, um für sich und die Lehrkraft eine Einstufung der Bedeutungsschwere vornehmen zu lassen.

8.4 Irrweg der Gesprächsleitung: Moralapostel

Fehlform: Die Gesprächsleitung spricht positive oder negative Werturteile aus. Das Aussprechen von Werturteilen an sich ist ein Indiz auf ein mögliches sich Höherstellen der Gesprächsleitung gegenüber der Lehrkraft, weil sie sich »erlaubt« ein Urteil über jemand anderen fällen zu können. Bei häufig positiven Werturteilen empfindet die Lehrkraft es ggf. als Manipulation bzw. »Lobhudelei«. Eine weitere Nebenwirkung kann sein, dass die Lehrkraft u. U. »abhängig« wird vom äußeren Zuspruch und der Begleitung durch die Gesprächsleitung und weiteres Lob zur Fortsetzung ihrer Handlungen im Schul- und Unterrichtsleben braucht. Gleichsam kann das Ausbleiben von Lob als erstes Anzeichen von Kritik von der Lehrkraft aufgefasst werden, obwohl dies von der Gesprächsleitung nicht intendiert ist. Bei negativen Werturteilen fühlt sich die Lehrkraft weniger gewertschätzt, entwickelt eher Schuld- oder Angstgefühle oder gegenaggressive Verhaltensweisen gegenüber der Gesprächsleitung. Die Lehrkraft zieht sich aus dem Gespräch zurück und äußert sich nur noch sporadisch.

Antagonist: Verstärkende Äußerungen der Gesprächsleitung bewusst einsetzen. »Urteile« der Gesprächsleitung mit Beispielen belegen. Mit der Lehrkraft eine Einschätzung treffen und die Erkenntnis für eine lösungsorientierte Weiterarbeit nutzen.

8.5 Irrweg der Gesprächsleitung: Feldherr

Fehlform: Die Gesprächsleitung spricht Befehle, die zu befolgen sind, klare Ratschläge, Mahnungen aus oder gibt Patentlösungen für das Handeln der Lehrkraft schnell weiter (klassischer Satz der Gesprächsleitung: »So müssen Sie es machen und nichts anderes (ist erlaubt)!«).

Antagonist: Damit sich die Lehrkraft nicht dirigiert sowie fremdbestimmt fühlt, geht es für die Gesprächsleitung darum, die Lösungsversuche und Emotionen sowie Beweggründe für bestimmtes Verhalten der Lehrkraft zu einer Situation wahrzunehmen und zu versprachlichen. Lösungen werden mit der Lehrkraft entwickelt. Die Lehrkraft wird als am besten lösungskompetent für die individuelle Situation aus dem Schul- und Unterrichtsleben erachtet. Damit wird selbstverantwortliches und ressourcenorientiertes Handeln unterstützt.

Irrweg der Gesprächsleitung: Lehrmeister | 8.6

Fehlform: Die Gesprächsleitung verwendet im Gespräch mit der Lehrkraft Aussagen und Zitate mit unantastbarer Autorität, Volksweisheiten oder Lehrsätze aus der Pädagogik, Psychologie oder Theologie, die den Thesen der Gesprächsleitung ein besonderes Gewicht verleihen und eigene Gedanken oder Ansätze der Lehrkraft reduzieren (klassischer Satz der Gesprächsleitung: »Schon Jesus und Peter Petersen war das geregelte Zusammenleben sehr wichtig. Auch in Ihrem Schul- und Unterrichtsleben…«).

Antagonist: Ein klassisches Zitat kann der Ausgangspunkt sein, um mit der Lehrkraft als Gesprächsleitung in Kontakt zu kommen. Die weitere Verarbeitung zusammen mit der Lehrkraft und ihrer Arbeit ist das Entscheidende. Ein Belehren ist Ausdruck von Ungleichheit im Gespräch, die Gesprächsleitung weiß es besser als die Lehrkraft und untermauert durch allgemeine Sentenzen dieses (auch vermeintlich kognitive) Ungleichgewicht. Ähnlich wie beim Feldherrengebaren gilt es stattdessen Lösungen mit der Lehrkraft zu entwickeln und diese als am besten lösungskompetent für die individuelle Situation aus dem Schul- und Unterrichtsleben zu achten und selbstverantwortliches Handeln zu unterstützen.

Irrweg der Gesprächsleitung: Interpretator | 8.7

Fehlform: Die Gesprächsleitung interpretiert einseitig und subjektiv gefärbt in geschilderte Situationen der Lehrkraft etwas hinein oder liest etwas aus ihnen heraus, die nicht wirklich damit ausgesprochen werden wollten (klassischer Satz der Gesprächsleitung: »Dass der von Ihnen geschilderte Schüler drei Mal die Hausaufgaben nicht gemacht hat, da deutet vieles auf erste Anzeichen von Leistungsangst hin…«).

Antagonist: Am allerhilfreichsten ist es, wenn die Lehrkraft eine Interpretation zu ihrer Situation selbst findet. Aktives Zuhören und empathisches Verstehen unterstützt diesen Prozess, die Gesprächsleitung erhält einen erweiterten Einblick in die Gefühlswelt und inhaltliche Thematik und die Lehrkraft fühlt sich noch besser verstanden. Bringt die Gesprächsleitung eine Interpretation des von ihr wahrgenommenen Geschehens mit ein, so stellt sie z. B. durch Nachfragen sicher, dass die Lehrkraft den Interpretationszusammenhang der Gesprächsleitung nachvollziehen kann und erreicht dadurch, dass sich die Lehrkraft nicht nur inhaltlich kognitiv, sondern auch emotional mitgehend, einklinken kann und eigene Deutungen findet.

Irrweg der Gesprächsleitung: Verallgemeinerer | 8.8

Fehlform: Die Gesprächsleitung wendet ein allgemeines Profil auf geschilderte Situationen der Lehrkraft an und spielt damit das »Allgemeine« gegen den individuellen Fall aus und bagatellisiert den Einzelfall (klassischer Satz der Gesprächsleitung: »Wie immer ist *alles*, was den Umgang mit Ihrem auffälligen Schüler betrifft, bei uns an der Schule *schon immer* in der Schulordnung geregelt, sodass es *nie* zu Handlungsunsicherheiten von Lehrkräften kommen kann.«).

Antagonist: Als Gesprächsleitung in der Ich-Form sprechen, verallgemeinernde Wörter wie »alles, man, immer, nie usw.« vermeiden.

8.9 Irrweg der Gesprächsleitung: Denker

Fehlform: Die Gesprächsleitung betrachtet die geschilderten Situationen einseitig rational und intellektualisiert (klassischer Satz der Gesprächsleitung: »Rein rational betrachtet ist der Konflikt zwischen Ihnen und Frau Meier auf der Eskalationsstufe 3 nach Hildegund Schmid…«).

Antagonist: An Situationsanalysen gemeinsam mit der Lehrkraft herangehen und besonders Emotion und Kognition herausarbeiten.

8.10 Irrweg der Gesprächsleitung: Emigrant

Fehlform: Die Gesprächsleitung zieht sich im Gespräch emotional und rational vom Gegenüber der Lehrkraft zurück (klassisches »Verhalten« der Gesprächsleitung: Die Gesprächsleitung äußert sich nicht, hört auch nicht den Äußerungen der Lehrkraft zu, verhält sich gleichgültig.).

Antagonist: Stellt die Gesprächsleitung bei sich ein solches Verhalten fest, ist die Selbstreflexion nach den Gründen relevant, da sich danach das weitere Vorgehen richtet, z. B. die Lehrkraft an andere, für sie passendere Gesprächsleitungen verweisen.

8.11 Irrweg der Gesprächsleitung: Dauerredner

Fehlform: Die Gesprächsleitung nimmt einen sehr großen Redeanteil im Gespräch mit der Lehrkraft in Anspruch und verliert dadurch das Gegenüber mit seinen Anliegen aus den Augen.

Antagonist: Den Hauptredeanteil bei der Lehrkraft belassen. Ein Verhältnis 30 % Gesprächsleitung und 70 % Lehrkraft in der Aufteilung einer Gesamtgesprächsdauer als Gesprächsleitung anstreben.

8.12 Irrweg der Gesprächsleitung: Projektor

Fehlform: Die Gesprächsleitung überträgt eigene Erfahrungen, Gefühle, Erlebnisse und Gedanken auf die Lehrkraft und deren Situation (klassischer Satz der Gesprächsleitung: »Das kenne ich von mir selber ganz genau…«).

Antagonist: Sich selbst als Gesprächsleitung in der eigenen Rolle reflektieren, auch die Gefahr von Projektionen achten, am Einzelfall der Lehrkraft arbeiten und das Individuelle und die weiteren Schritte zum Umgang herausholen.

8.13 Irrweg der Gesprächsleitung: Professor

Fehlform: Die Gesprächsleitung verwendet sehr viele wissenschaftliche Fachausdrücke und spricht »Fachchinesisch« (klassischer Satz der Gesprächsleitung: »In Ihrem Unterricht manifestiert sich eine psychologische Konstitution absoluter Dominanz positiver emotionaler

Effekte und gehaltlicher Strukturen für die existente Gesamtheit der Individuen der Klasse 10a!« für: »Sie haben einen hohen pädagogischen Bezug zu den Schülern der Klasse 10a«).

Antagonist: Die Wortwahl der Gesprächsleitung dem Gegenüber anpassen, auf Verständlichkeit achten, ggf. nachfragen bei der Lehrkraft, was sie verstanden hat, nicht im Sinn der Kontrolle und des Ausfragens, sondern in einer Haltung echten Interesses zur gemeinsamen Arbeit im Schul- und Unterrichtsleben.

Irrweg der Gesprächsleitung: Verschmelzer | 8.14

Fehlform: Die Gesprächsleitung geht völlig in der Lehrkraft als ihrem Gegenüber auf.

Antagonist: Als Gesprächsleitung professionelle Distanz wahren und sich abgrenzen.

Irrweg der Gesprächsleitung: Kriminalbeamter | 8.15

Fehlform: Die Gesprächsleitung fragt nach und nach und »verhört« die Lehrkraft.

Antagonist: Die Selbstbefragung und Selbstexploration in der Lehrkraft anregen. Bei zu vielen Fragen fühlt sich sonst die Lehrkraft entweder »ausgehorcht« und/oder erwartet von der Gesprächsleitung eine ebenso ausführliche Verhaltensanleitung und reduziert ihr selbstbestimmtes Handeln (klassischer Satz der Gesprächsleitung: »Nur damit ich es noch genauer verstehe, wie ist das mit... und dann, wie ist es mit... und dann mit...«). Durch zurückhaltende Impulse bleiben Verantwortlichkeit und Kontrolle des Handelns stärker bei der Lehrkraft.

Irrweg der Gesprächsleitung: Randbegeher | 8.16

Fehlform: Die Gesprächsleitung bringt Nebensächlichkeiten ins Gespräch und erweitert die Gesprächsthematik unnötig und nicht zielführend (klassischer Satz der Gesprächsleitung: »Die Steuergruppenkonstellation muss noch einmal überdacht werden sagen Sie, ach ja und die Einladung zu Steuergruppenkonferenz unbedingt auf rosa Papier ausdrucken, das wirkt freundlicher!«).

Antagonist: Auf das Wesentliche im Gespräch achten, die Auftragsklärung des Gesprächs im Blick haben.

9 Die Gesprächsleitung im Dramadreieck – Spielausstiege durch Mustererkennung in Kommunikationsdyaden

9.1 Was ist das Drama-Dreieck?

Eric Berne hatte als Psychiater versucht, in den fünfziger und sechziger Jahren des 20. Jahrhunderts ein neues Verhältnis »auf Augenhöhe« zwischen Patient und Therapeut zu konzipieren. Er begründete die Transaktionsanalyse und zwar in einer bewusst einfach gehaltenen Sprache, die möglichst viele, bis hin zu Kindern, verstehen sollten. Durch die Anwendung dieses psychologischen Konzepts sollten die Menschen ihre Wirklichkeit reflektieren, analysieren und verändern können. Durch eine simplifizierend wirkende Sprache wurde die Transaktionsanalyse als Theorie oft unterbewertet, hat aber mit den leicht verständlichen Metaphern auch andere Kommunikationstheorien nachhaltig beeinflusst. Der grundlegende Denkansatz der Transaktionsanalyse besteht darin, dass jeder Mensch mit dem Beginn seiner Geburt »in Ordnung« ist, selbst denken, auswählen, reflektiert entscheiden und für sich und andere Verantwortung übernehmen kann. Damit wird die Augenhöhe begründet. Menschliche Verhaltensmuster, die nachvollziehbaren, aufgedeckten oder unbewussten Regeln folgen, werden in der Transaktionsanalyse »Spiel« genannt, obwohl sie für die Betroffenen sehr ernst und emotional tiefgreifend sein können. Das Drama-Dreieck selbst ist ein Modell aus der Transaktionsanalyse und wurde 1968 von Stephen Karpman konzipiert. Der Begriff Dramadreieck ist aus der Welt des Theaters entlehnt. In jedem »klassischen« Theaterstück gibt es typisierte, immer wiederkehrende Abläufe zwischen den Akteuren und drei spezifische Rollentypen: Opfer, Retter und Verfolger. Diese drei Archetypen bilden miteinander vernetzt ein Dreieck, das Dramadreieck, die das Stück zu einem emotional aufgeladenen Drama machen. Dabei geht es im Dramadreieck oft um destruktive Spiele, in denen jeweils einer der Beteiligten eine Rolle annimmt und manipulativ andere dazu bringt (bewusst oder unbewusst), eine korrespondierende Rolle einzunehmen. Das Modell des Drama-Dreiecks erklärt die Dynamik, die hinter sehr vielen, oft länger andauernden oder immer wieder auftretenden Konflikten zwischen gleichen Personen steht. Auch zum Führen schwieriger Gespräche in der Lehrerinnenbildung ist das Modell des Drama-Dreiecks sowie transaktional-analytisches Denken als handlungsweisendes (Interventions-) Instrument für die Gesprächsleitung sehr gut umsetzbar.

9.2 Das Dramadreieck als Analyseinstrument in der Gesprächsführung

Mit dem Drama-Dreieck können Interaktionsmuster dargestellt werden. Es beschreibt drei mögliche Positionen, die zu unheilvollen Verstrickungen führen können. Es besteht aus der Retter-Position, der Verfolger-Position und der Opfer-Position. In dieser Konstellation sind (hoch-) emotionale Szenen möglich. Menschen sind nicht per se Retter, Verfolger oder Opfer. Sie schlüpfen lediglich, oft eher unbewusst, in derlei Situationen in diese Rollen. Dabei verdecken sie immer einen oder mehrere Aspekte der Realität oder verzerren diese und vermeiden dadurch, ihre Beziehungskonstrukte und ihre Grundüberzeugungen zu hinterfragen. Mit der Analysehilfe des Dramadreiecks kann man als Gesprächsleitung bestimmte eigene Kommunikationsstrukturen und die von anderen aufdecken. Insgesamt geht es darum, als Gesprächsleitung nicht innerhalb des Dramadreiecks eine Position einzunehmen, sondern eine neutrale Position zu beziehen, die es ermöglicht, Beziehungsdramen zwischen Gesprächsleitung und Lehrkraft zu vermeiden oder zu entschärfen.

Charakteristika der einzelnen Rollen im Drama-Dreieck | 9.3

Den einzelnen Positionen im Drama-Dreieck werden spezifische Charakteristika zugeordnet, wie sie in der Übersicht zusammengefasst sind. Aus der Unterschiedlichkeit wird zum einen der potenzielle emotionale Gehalt jeder einzelnen Position und zum anderen die mögliche emotionale Verstrickung, wenn verschiedene Positionen im Drama-Dreieck aufeinandertreffen, deutlich.

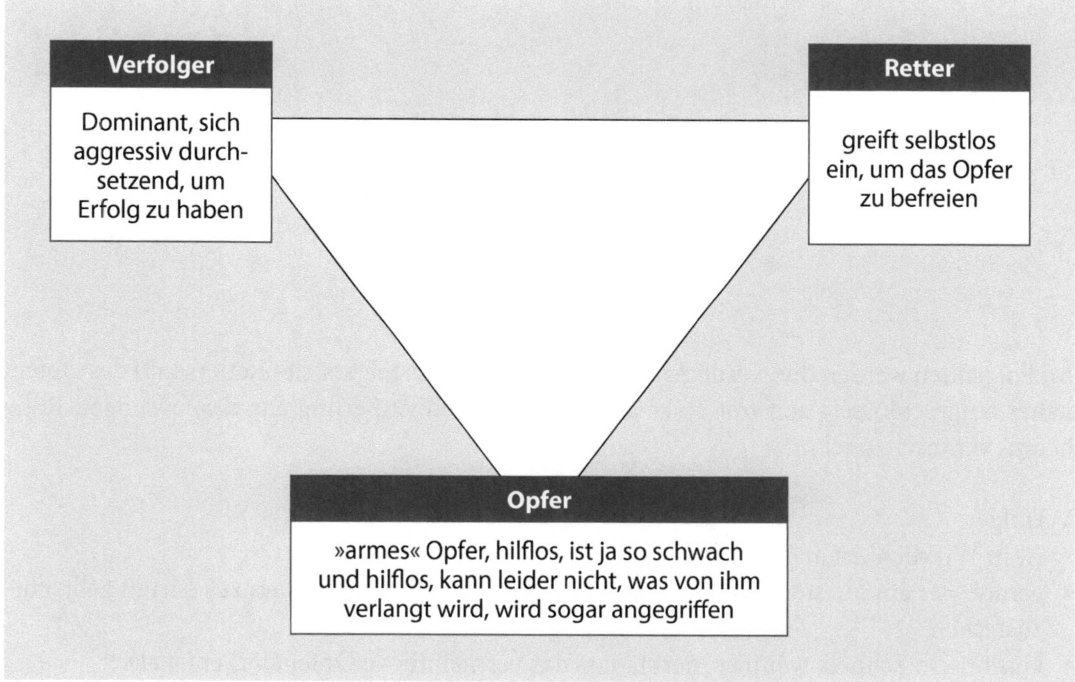

Deswegen begeben sich Menschen ins Dramadreieck | 9.4

Obwohl es sich bei den »Spielen« im Drama-Dreieck oft um Spielauszahlungen mit negativen Emotionen und eher destruktivem Erleben für die Beteiligten handelt, werden diese Spiele trotzdem angenommen und z. T. »lustvoll« erlebt und gespielt. Mögliche Gründe dafür liegen im erfahrbar hohen emotionalen Gehalt, allerdings meist in Form negativer Zuwendung, in der Befriedigung des individuellen Zuwendungshaushaltes, prinzipiell bringen diese Art von Spielen »Leben in die Bude«, je nach Ausprägung der jeweiligen Rolle erfahren die Ausführenden ein »Machterlebnis« und durch das Bewegen in bekannten Mustern gelingt eine wiederholte Bestätigung der eigenen Weltsicht und dadurch ein Rahmen der Sicherheit.

Blickt man im wahrsten Sinne »hinter die Kulissen« des Drama-Dreiecks, erkennt man hinter dem Verhalten der einzelnen Positionen und Rollen im Drama-Dreieck bislang verdeckte und eher unerwartete Eigenschaften der einzelnen Hauptakteure Verfolger, Retter und Opfer. Die folgende Übersicht zeigt eine Zusammenfassung der versteckten Eigenschaften.

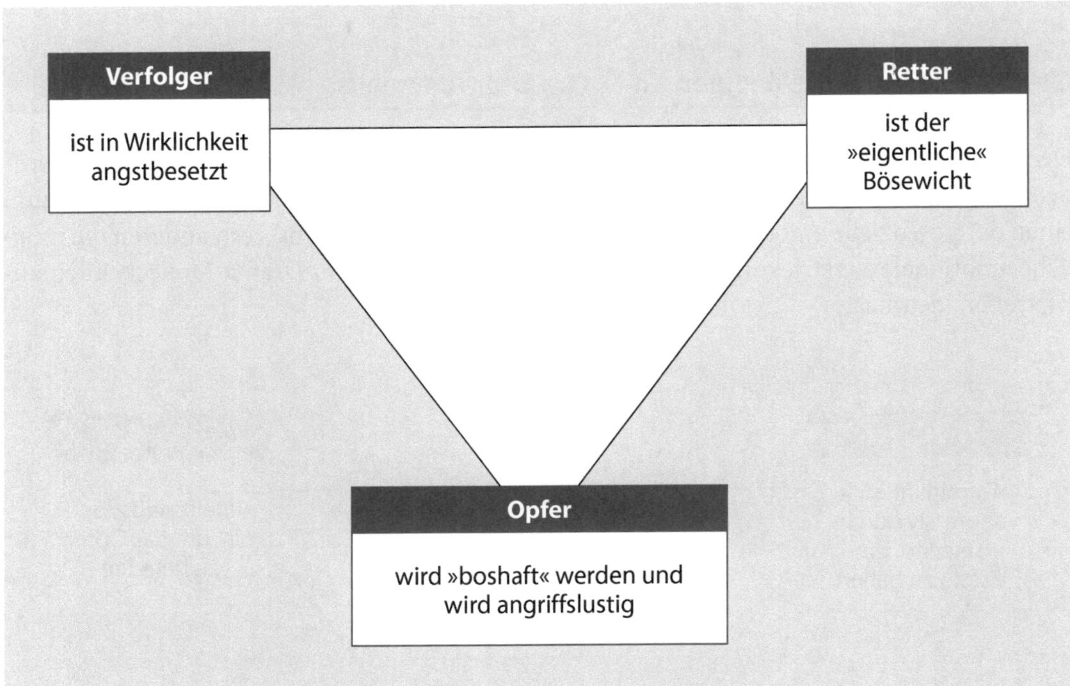

Im Folgenden werden die »verdeckten« Positionen des Verfolgers, des Retters und des Opfers näher aufgeschlüsselt und mit einer charakteristischen Äußerung aus der jeweiligen Rolle heraus veranschaulicht.

Verfolger:

- ist in Wirklichkeit angstbesetzt
- gerade wer am meisten austeilt, ist ein stärkeres »Sensibelchen«, wenn es darum geht, einzustecken
- kuscht sehr schnell, wenn er merkt, dass das vermeintliche Opfer stärker ist als er
- kann schnell in die Opferrolle wechseln
- Legt sich z. B. mit jedem, auch den Friedlichsten im Kollegium an, jammert dann: »Es geht doch nur um die Sache, alle sind gemein zu mir!«

Retter:

- wechselt gerne in die Verfolgerrolle, wenn er merkt, dass all sein Bemühen umsonst war und er deswegen auf die Bestätigung von außen verzichten muss
- geht gern auf Konfrontation mit dem Opfer: »Jetzt kann ich es nicht nochmal zum 1000. Mal erklären, Sie kapieren aber auch gar nichts!«

Opfer:

- wechselt gerne in die Rolle des Verfolgers, wenn es den Eindruck hat, der Retter könnte sich mehr anstrengen

- Zuerst: »Bei Ihnen an der Schule erhalte ich so viele wertvolle Tipps für meinen Unterricht! Ich wüsste gar nicht, was ich ohne Sie machen sollte!«

  hin zu

  »Ich schätze Ihre Hilfsangebote, aber ehrlich gesagt, hat es nicht viel gebracht. Sie sind doch Schulleiterin. Herr Meier, der Schulleiter der Nachbarschule, weiß viel besser, wie man Musikstunden beraten kann!«

Darin liegt der Benefit in den einzelnen Rollen des Dramadreiecks | 9.6

Jede Position im Drama-Dreieck ist mit spezifischen Zugewinnen der jeweiligen Rolle verbunden. Im Folgenden werden diese für die einzelnen Rollen des Verfolgers, des Retters und des Opfers aufgeschlüsselt.

Verfolger:
- strebt nach Kontrolle über andere ⇨ kann so Prozesse dominieren
- hat Macht- und Wirkungserlebnisse
- erhält eher keine echte Zuwendung, im besten Fall Respekt
- wird oft »umschleimt« ⇨ damit wird versucht, dass er einen selbst nicht verfolgt
- ist tief im Inneren überzeugt, dass die anderen ihn nicht lieben
- braucht erhöhten Kontrolldruck als Gewissheit, um die anderen an sich zu binden
- muss sich anstrengen, dass es in seinem Umfeld genügend »Dummköpfe« gibt, die er verfolgen kann und die ihn bewundern

Retter:
- genießt soziale Anerkennung
- erhält die Bewunderung des Opfers, ohne echte Nähe riskieren zu müssen
- hohes Maß an sozialer Kontrolle, da Retter Abhängigkeit erzeugen
- verlieren sich oft selbst in der Hilfe
- gestatten sich selbst erst gute Gefühle, wenn es allen anderen gut geht
- gestatten sich selbst oft erst Hilfe anzunehmen, wenn sie sehr viel Vorleistung durch Retten erbracht haben

Opfer:
- bekommen ohne große Anstrengung reichlich Zuwendung
- Hilfe und Zuspruch durch Retter
- Erniedrigung durch Verfolger
- brauchen keine Verantwortung übernehmen
- erhalten alles, was sie zum Leben brauchen, wenn sie sich klein machen, die Schuld auf sich nehmen und hilflos sind
- es wird über sie bestimmt, ohne dass sie in Entscheidungen eingebunden sind
- gedrücktes und eher niedergeschlagenes Lebensgefühl

Grundhaltungen im Dramadreieck | 9.7

Menschliche Verhaltensmuster, die nachvollziehbaren, aufgedeckten oder unbewussten Regeln folgen, werden in der Transaktionsanalyse »Spiel« genannt. Zwischen den Spielern gelten »heimliche Spielregeln« der Rollenerwartung, die durch die Wahl einer Rolle vom

Rollenträger unwillkürlich oder z. T. auch absichtlich-manipulierend befolgt werden. Dabei übernehmen die Beteiligten diese Rollen aus der inneren Notwendigkeit des Musters heraus, »spielen« diese Rollen, ohne selbst diese Rolle zu sein. Gleichzeitig ist das Rollenverständnis der Rollenträger von der eigenen Grundhaltung sich selbst und dem anderen gegenüber gekennzeichnet (vgl. Thomas Harris 1977).

Diese Übersicht veranschaulicht das Rollenverständnis des jeweiligen Rollenträgers sich selbst (Ich bin…) gegenüber.

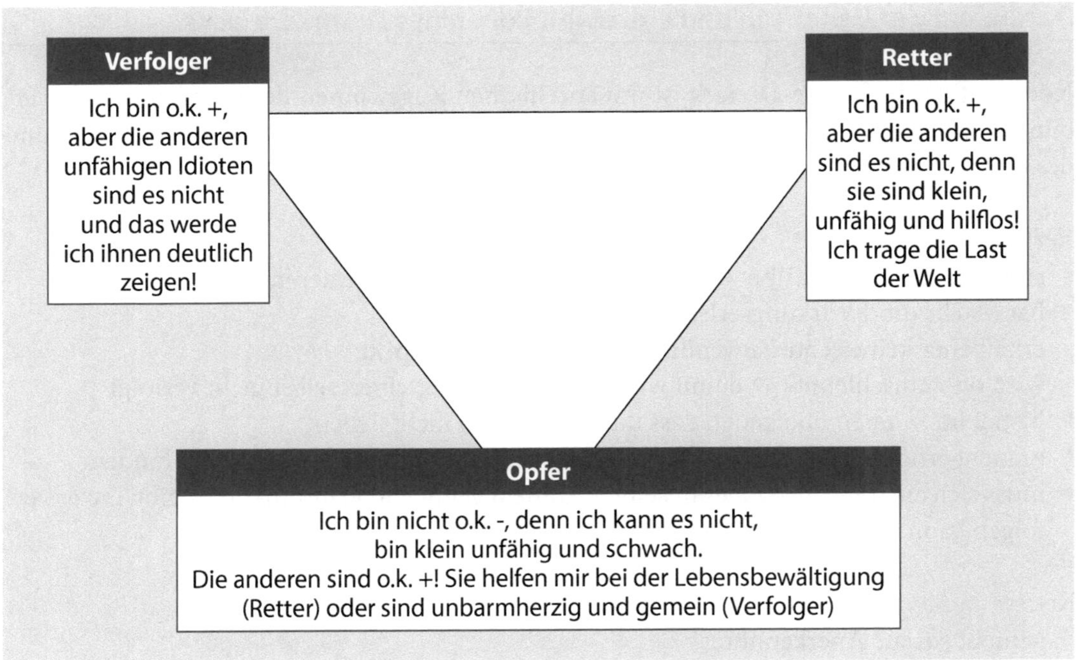

Im Folgenden wird aufgezeigt, wie sich das Rollenverständnis des jeweiligen Rollenträgers sich selbst (ich bin…) in der Abgrenzung anderen (Du bist…) gegenüber verhält.

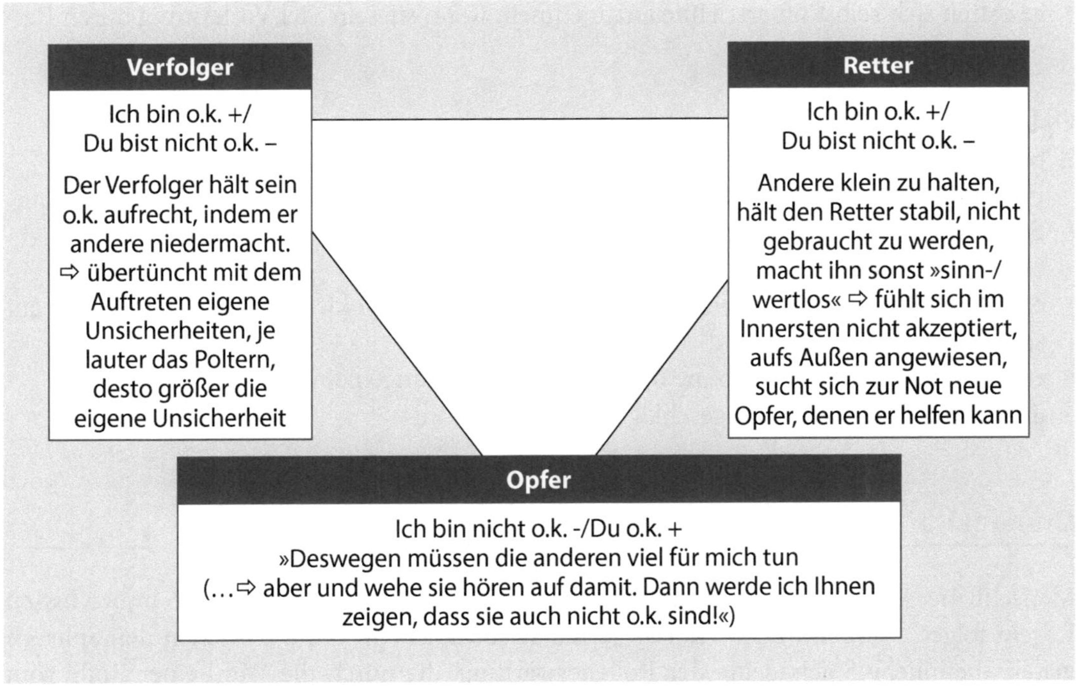

Schnelle Rollenwechsel im Dramadreieck | 9.8

Innerhalb von Kommunikationssituationen werden z. T. schnell die Rollen gewechselt. Dies ist zwischen einzelnen Personen oder Personengruppen, aber auch innerhalb der eigenen Person möglich, wie das folgende Beispiel zeigt:

Schnelle Rollenwechsel im DRAMA- Dreieck im Schulleiterleben innerhalb der eigenen Person

- Während des Tages mühe ich die ganze Zeit mit den Belangen, Wünschen und Problemen der Lehrkräfte ab! (Retter)
- Am Abend schimpfe ich im Bekanntenkreis über die Unselbstständigkeit der Menschheit und der Lehrkräfte im Besonderen! (Verfolger)
- Nachts falle ich todmüde ins Bett und stelle fest, wie sehr ich doch von allen ausgenutzt werde! (Opfer)

Ein kleiner Selbsttest zur persönlichen Rollendiagnose im Drama-Dreieck | 9.9

		Ja	Nein
1.	Werden mir häufig auch unangenehmere Entscheidungen von anderen angetragen?		
2.	Mische ich mich häufiger ungefragt in Dinge ein?		
3.	Gebe ich bevorzugt anderen die Schuld?		
4.	Erkennen Sie sich in dieser Redewendung: Ich bin total überlastet.		
5.	Wiederhole ich immer wieder die gleichen Ratschläge und Tipps?		
6.	Erkennen Sie sich in dieser Redewendung: Das war ja zu erwarten, das habe ich schon vorher immer benannt...		
7.	Fühle ich mich machtlos, Situationen und Prozesse beeinflussen zu können?		
8.	Erkennen Sie sich in dieser Redewendung: Warum passiert das immer mir? Wie kann ich nur so dumm sein?		
9.	Dränge ich mich eher auf und biete meine Hilfe wiederholt an?		
10.	Neige ich häufig zu Vorwürfen?		
11.	Tendiere ich dazu, mein Verhalten häufig zu entschuldigen?		
12.	Ist es mir wichtig, immer Recht zu haben?		
13.	Teile ich anderen häufig mit, was sie gerade am besten handeln sollen?		
14.	Gebe ich anderen auch ungefragt Tipps, wie sie Probleme lösen können?		
15.	Mache ich anderen bevorzugt Vorwürfe?		
16.	Erkennen Sie sich in dieser Redewendung: Wie können andere so blöd sein, dass sie...		
17.	Tendiere ich dazu, mein Verhalten häufig anderen gegenüber zu verteidigen?		
18.	Verspüre ich den Drang zu helfen?		
19.	Teile ich anderen gerne mit, wie sie es hätten (viel) besser machen können?		
20.	Gehe ich Konflikten lieber aus dem Weg?		
21.	Erkennen Sie sich in dieser Redewendung: Versuchen Sie es doch mal besser so?		
22.	Erkennen Sie sich in dieser Redewendung. Das werde ich nie begreifen!		
23.	Erkennen Sie sich in dieser Redewendung: Nie kann man sich auf andere verlassen...		
24.	Erkennen Sie sich in dieser Redewendung: Ich will doch nur Ihr Bestes?		

9.10 Auswertung des kleinen Selbsttests zur persönlichen Rollendiagnose im Dramadreieck

Auch wenn es keine statistisch haltbaren Erhebungen sind, so ist die Auswertung vielleicht doch ein Denkanstoß zur Selbstwahrnehmung in passenden Situationen.

Sie tendieren zu folgendem Rollenverhalten, wenn Sie die folgenden Fragen mit Ja beantwortet haben:	**Nein** **Anzahl der Antworten**								**Ja** **Anzahl der Antworten**							
Verfolger: 3,6,10,12,15,16,19,23	8	7	6	5	4	3	2	1	1	2	3	4	5	6	7	8
	Tendenz zum Nicht- Verfolger								Tendenz zum Verfolger							
Retter: 2,5,9,13,14,18,21,24	8	7	6	5	4	3	2	1	1	2	3	4	5	6	7	8
	Tendenz zum Nicht- Retter								Tendenz zum Retter							
Opfer: 1,4,7,8,11,17,20,22	8	7	6	5	4	3	2	1	1	2	3	4	5	6	7	8
	Tendenz zum Nicht- Opfer								Tendenz zum Opfer							

Ergibt sich keine klare Tendenz, handeln Sie eher in wechselnden Rollen.

9.11 Das Dramadreieck als Hilfe für die Gesprächsleitung

Wird dieses psychologische Spiel von der Gesprächsleitung nicht reflektiert, wird sie selbst zum unbewussten Mitspieler und nimmt, ohne dass sie es realisiert, Spiel- und Dramaangebote an, reagiert in Rollenmustern und Emotionen. Interessant ist in diesem Zusammenhang, dass in Interaktionen im Dramadreieck im Verlauf des Spiels die Beteiligten die Rollen wechseln können:

Transaktionsanalytiker gehen davon aus, dass sehr viele Menschen dazu neigen, im Alltag in eine dieser manipulativen Rollen zu schlüpfen und dadurch das aktuelle Gegenüber dazu einlädt, die dazu ergänzende Rolle einzunehmen.

Für die Gesprächsleitung geht es darum,

- unangenehme Gesprächssituationen im Rahmen von Spieleinladungen des Dramadreiecks zunehmend nicht nur in der Retrospektive, sondern aktiv bereits während der Kommunikationssituation wahrzunehmen
- Muster in diesen Kommunikationssituationen zu erkennen (z. B. Welche Rolle im Spiel wird mir gerade angeboten?)
- Als Gesprächsleitung situationsangepasst aus einem Pool von bewussten Verhaltensmöglichkeiten auszuwählen, um Kommunikationssituationen klar und ohne eigene emotionale Verwicklungen zu gestalten (Wie kann ich aus dieser Situation (passend) aussteigen?)

9.12 Daran kann man erkennen, dass jemand eine Spielposition im Dramadreieck einnimmt

Hinweis bei der Opferrolle:

- sich als Gesprächsleitung zur Hilfe gedrängt fühlen
- es entsteht ein innerer Druck in der Person der Gesprächsleitung, den Hilfsbedürftigen nicht hängen zu lassen
- das Opfer macht sich klein, blendet eigene Fähigkeiten aus

Hinweis bei Verfolgern:

- Übertreibungen der Lehrkraft
- Verwendete Absolutbegriffe in den Schilderungen der Lehrkraft wie »immer«, »nie«, »alle«, »keiner«
- Meist werden andere Personen von der Lehrkraft direkt angegriffen und nicht die Sache: »Sie haben schon wieder die Einladung zur Lehrerkonferenz einen Tag zu spät ins Lehrerfach legen lassen!«

Hinweis bei der Retterrolle:

Die Lehrkraft

- macht den anderen klein
- braucht es, dass der andere inkompetent ist, damit sein »Licht« heller leuchten kann
- greift meist ungefragt ein, ohne zu klären, ob seine Hilfe überhaupt gewollt ist, hilft »gnadenlos«
- nimmt Aufgaben ab, obwohl der andere sie bewältigen könnte

Zusätzlich werden alle Rollen mit körpersprachlichen und paralinguistischen Elementen begleitet, die weitere Deutungshinweise auf die jeweilige Identifikation der Rolle erlauben.

9.13 So kann die Gesprächsleitung solchen psychologisch manipulativen Spielchen entgehen

Um sich als Gesprächsleitung eine stabile innere Haltung zu sich selbst und den Vorgängen im Dramadreieck zu entwickeln, ist intensive individuelle Entwicklungsarbeit unterstützend.

Dazu gehört:

- mehr Bewusstheit für innere Vorgänge entwickeln
- eigene Gefühle bewusster wahrnehmen und ihnen nachspüren
- die eigene bevorzugte Spieldisposition identifizieren
- sich mit eigenen Ängsten und Befindlichkeiten auseinandersetzen
- sich selbst und andere akzeptieren
- selbstbewusst Verantwortung für eigenes Denken, Fühlen und Verhalten übernehmen
- auch Mut zu Transparenz und zu unpopulärem Handeln zeigen

Das Aussteigen aus dieser Art von bewusst eingesetzten oder unbewusst geführten Spielen erfolgt über einen Dreieierschritt.

Schritt 1 – Wahrnehmen der Situation im Gespräch

Im Rahmen der Selbstwahrnehmung geht es darum, sich selbst zu prüfen: »Fühle ich mich unwohl in einer Kommunikation?« Dann wird es interessant diesem Gefühl nachzugehen. Je nach Situation und Gesprächspartner und -anlass ist es überlegenswert, diese Wahrnehmung auch dem Gegenüber mitzuteilen.

Schritt 2 – Gesprächs- und Verhaltensmuster erkennen

In einem zweiten Schritt geht es darum, Gesprächs- und Verhaltensmuster zu erkennen. »Kommt diese Situation häufiger vor?« Wenn ja, welche Muster sind zu erkennen? Welche Rolle im Dramadreieck wird mir gerade angeboten? Welche Rolle nimmt der Gesprächspartner ein?

Schritt 3 – Spieleinladung ablehnen
Im dritten Schritt geht es darum bewusst zu entscheiden: »Möchte ich diese Einladung zum Spiel im Dramadreieck annehmen?«

Wenn man vermeiden will, ggf. selbst zu Spielen im Dramadreieck einzuladen oder sich als Mitspieler einladen zu lassen, so ist die Kenntnis der eigenen Spieldisposition eine notwendige Ausstiegsvoraussetzung (vgl. 9.9. Ein kleiner Selbsttest zur persönlichen Rollendiagnose im Drama-Dreieck).

Wenn es gelingt, durch diese Rationalisierung des Wahrgenommen Distanz in das Geschehen und dadurch in die Transaktionen zu bringen, wird das Rollenspiel im Dramadreieck automatisch durchbrochen.

Solange Rollen im Drama-Dreieck eingenommen werden, sind konstruktive Problemlösungen deutlich erschwert oder nicht möglich.

Möglichkeiten aus dem Spiel im Dramadreieck auszusteigen:

- Ansprechen dessen, was gerade wahrgenommen wird. Dazu die eigene Befindlichkeit und Gefühlslage als Ich-Botschaft formulieren.
- Dem Gesprächspartner Gleichwertigkeit spiegeln.
- Sich selbst als Gesprächsleitung und dem Gesprächspartner positiv zuwenden.
- Bewegt man sich als Gesprächsleitung bewusst nicht innerhalb des Dramadreiecks, nimmt man eine sachlich besetzte Position, und bewusst keine Rolle aus dem Dramadreieck, ein.
- Die Gesprächsleitung geht bewusst auf keine Einladungen des Gegenübers ins Dramadreieck ein und spricht bewusst auch keine Einladung an das Gegenüber ins Dramadreieck aus. Dadurch wird die Beziehungsebene nicht zusätzlich »dramatisiert« und mit Konflikten angereichert.
- Dazu ist es notwendig, eigene bevorzugte Positionen im Dramadreieck zu erkennen, um ihnen im Folgenden leichter entgegenzutreten.

Hinweis:
Die Spielpositionen dürfen nicht verwechselt mit und unreflektiert übertragen werden auf Menschen,

- die sich tatsächlich in einer hilflosen Lage befinden, wie etwa Verbrechens- oder Unfallopfer, tatsächlich etwas nicht können, weil sie es nicht gelernt haben/die Befugnis nicht haben ⇨ man hilft gerne, weil der andere nicht zurecht kommt, also greift man ein
- mit helfenden Personen, die in einer Notlage genau das tun, was getan werden muss oder jemand anderem freiwillig Hilfe anbieten
- mit jemandem, der aus berechtigtem Anlass wütend/ärgerlich ist und seinen Gefühlen passend Ausdruck verleiht, niemand persönlich angreift, sondern die Sache thematisiert, keine Übertreibungen versprachlicht

Sicher(er) in der Gesprächsführung durch die Kenntnis herausfordernder Situationen mit Lehrerkollegen im und aus dem Dramadreieck

10

Je öfter man als Gesprächsleitung Gespräche führt, koordiniert, steuert, vor- und nachbereitet, wiederholen sich bestimmte Muster, die sich ins Dramadreieck einordnen lassen. Im Folgenden haben wir die häufigsten herausgegriffen.

Dazu gehören Gespräche mit folgender Einteilung in »Gesprächstypen«

1. Die »Richter-Lehrkraft«
2. Der »Ich rette Dich«-Lehrkraft
3. Die »Ganz bestimmt, aber«-Lehrkraft
4. Die »Ich bin doof«-Lehrkraft
5. Die »Fehlerteufel«-Lehrkraft
6. Die »Gesprächsleitung-Melkkuh«-Lehrkräfte

Die einzelnen Situationen werden dabei nach dem stets gleichen Schema beschrieben:
- Darstellung der Gesprächssituation
- Analyse

Danach folgt eine
- Reflexionshilfe in Form eines »Denkzettels«
  - Situation – Darum geht es…
  - Emotions- und Kraftspeicheranalyse
  - Dieses Gefühl löst die Situation in mir aus
  - Mein Körper macht intuitiv…
  - Von der Kraft her, fühle ich in diesen Situationen
  - Das ist meine spontane Erstreaktion:
  - Bei weiterem Überlegen kann ich mir auch diese Reaktionen vorstellen:

Zum Abschluss werden noch aufgezeigt:
- Ausstiegsmöglichkeiten zur Diskussion
- Um klare Grenzen zu setzen: Für besonders hartnäckige Fälle?

Denkzettel für ein Gespräch mit

- O 1. der »Richter-Lehrkraft«
- O 2. der »Ich rette Dich«-Lehrkraft
- O 3. der »Ganz bestimmt, aber«-Lehrkraft
- O 4. der »Ich bin doof«-Lehrkraft
- O 5. der »Fehlerteufel«-Lehrkraft
- O 6. den »Gesprächsleitung-Melkkuh«-Lehrkräften

Diese Frage oder diesen Impuls kann ich in diesen Situationen setzen...

Situation	Emotions- und Kraftspeicheranalyse
Darum geht es...	Dieses Gefühl löst die Situation in mir aus Mein Körper macht intuitiv... Von der Kraft her, fühle ich in diesen Situationen

Das ist meine spontane Erstreaktion:

Bei weiterem Überlegen kann ich mir auch diese Reaktionen vorstellen:

Die Richter-Lehrkraft

Die Gesprächsleitung soll die Richterrolle übernehmen und entscheiden, wer recht hat. Nimmt die Gesprächsleitung die Richterrolle an, beginnt die Interaktion und es wird über eine dritte Person »gerichtet«.

Am Ende entsteht eine Spielauszahlung mit oft negativen Gefühlen, die Problemlösung liegt in weiter Ferne.

Lehrkraft

Stellen Sie sich vor, was der Betreuungslehrer/der Hausmeister, die Parallelkollegin/die andere Lehrkraft/der Schulleiter... gemacht hat...

⇨ Die Richter-Lehrkraft will eine Bestätigung ihrer Sichtweise. Die Gesprächsleitung soll nun entscheiden, wer im Recht ist und wird schuldig!

Gesprächsleitung

Reaktionsmöglichkeiten und ihre Folgen

... ist nicht der Meinung der Lehrkraft... »Ja hören Sie mal her, so vereinfacht kann man das nicht sehen ...«	... bestätigt die Lehrkraft... »Da haben Sie völlig recht ...«	Gesprächsleitung übernimmt unreflektiert die Position der Lehrkraft zu 100%. ↳ oft bei sich überverantwortlichen Gesprächsleitungen zu finden.
⇩	⇩	⇩
Lehrkraft fühlt sich missverstanden oder greift nun die Gesprächsleitung an ...	Lehrkraft fühlt sich bestätigt und bestärkt und zieht mit der »richterlichen« Entscheidung mit Begründungen ins Feld! ↳ »Meine Gesprächsleitung hat auch gesagt, dass ...«	Gesprächsleitung findet sich in den Äußerungen der Lehrkraft wieder. ⇙ Die Gesprächsleitung nimmt sich der Angelegenheit an und übernimmt die Verantwortung für die Angelegenheit der Lehrkraft. ⇘ Die Lehrkraft kann sich zurücklehnen und die Verantwortung abgeben.

⇩

Die so angegriffenen Dritten greifen nun die Gesprächsleitung an: »Wie kommen Sie dazu hinter meinem Rücken ...«

⇩

Gesprächsleitung reagiert auf den Dritten:

⇙	⇘
... rechtfertigend ... »Ich wollte doch nur ...«	... angreifend ... »Sie sind doch selber schuld. Wenn man so etwas macht ...!«

Analyse

Die Lehrkraft möchte recht haben und gewinnen. Dazu sucht sie sich mächtige Mitstreiter, um ihre Position zu untermauern. Durch die Bildung von Koalitionen werden eigene Unsicherheiten bekämpft. Im Fall der »überverantwortlichen Gesprächsleitung« muss als Lehrkraft selbst keine Stellung beziehen und kann ggf. sagen, dass es sich um ein Missverständnis handelt der Gesprächsleitung handelt.	Die Gesprächsleitung ist entweder parteiisch (dafür oder dagegen) oder »überverantwortlich« und hat eine offene Rechnung mit einer der Parteien. Dadurch entsteht keine Rollenklarheit und wird in unproduktive Prozesse hineingezogen.

Die Richter-Lehrkraft

Die Gesprächsleitung soll die Richterrolle übernehmen und entscheiden, wer recht hat. Nimmt die Gesprächsleitung die Richterrolle an, beginnt die Interaktion und es wird über eine dritte Person »gerichtet«.

Am Ende entsteht eine Spielauszahlung mit oft negativen Gefühlen, die Problemlösung liegt in weiter Ferne.

Ausstiegsmöglichkeiten zur Diskussion

✓ Nicht die Richterrolle annehmen.
✓ Durch empathische Reaktionen kann man die Beziehung zur Lehrkraft zunächst festigen, jede weitere Stellungnahme führt jedoch nicht zur Lösung der Angelegenheit.

Statt dessen:

✓ Auf die unbeteiligte dritte Person verweisen.

z.B.

⇨ »Ich kann/möchte zu dem Thema nichts sagen, weil ich in diesem Punkt nicht der Ansprechpartner bin, sondern (der/die nicht anwesende Dritte) Herr/Frau...?«
⇨ »Sollen wir Herrn/Frau (der/die nicht anwesende Dritte) dazu holen, da ohne diese nicht seriös vorgegangen werden kann!«
⇨ »Ich kann mich als Mediator anbieten...?«

Für besonders hartnäckige Fälle:

Gesprächsleitung:
»Dazu kann ich nichts sagen! Ich war nicht dabei!«
Was ist aus Ihrer Sicht meine Rolle und Aufgabe?

Die »Ich rette Dich«-Lehrkraft

Diese Interaktion wird oft von überfürsorglichen Gesprächsleitungen gespielt, die eine Art »Helfersyndrom« aufweisen.

Dadurch wird i.d.R. das Problem der Lehrkraft nicht gelöst.

Gesprächsleitung

Die Gesprächsleitung erkennt, dass der Lehrkraft gerade ein schwerwiegendes Problem, ggf. auch außerunterrichtlicher Art hat (z.B. Tod eines Elternteils, Trennung,...).

Die Gesprächsleitung hat Mitleid und möchte helfen. Sie fragt jedoch nicht, ob die Lehrkraft überhaupt Hilfe möchte, sodass kein »Abkommen« und keine klare Auftragsklärung zwischen den beiden entsteht.

Die Gesprächsleitung nimmt die Lehrkraft an die Hand: »Das schaffen wir schon!«, gibt Tipps und Ratschläge, und bedauert die Lehrkraft: »Sie Ärmster, Sie müssen unbedingt das und das machen, dann schaffen wir es bestimmt!«

Lehrkraft

Reaktionsmöglichkeiten und ihre Folgen

nimmt die »Opferrolle« an und hört sich an, was die Gesprächsleitung mit ihr vorhat.

⇩

Lehrkraft:

»Gott sei Dank muss ich nicht die Verantwortung übernehmen. Ich bekomme alles auf dem Silbertablett serviert!«

⇨ Wenn die Ratschläge nicht weiterhelfen:

Lehrkraft:

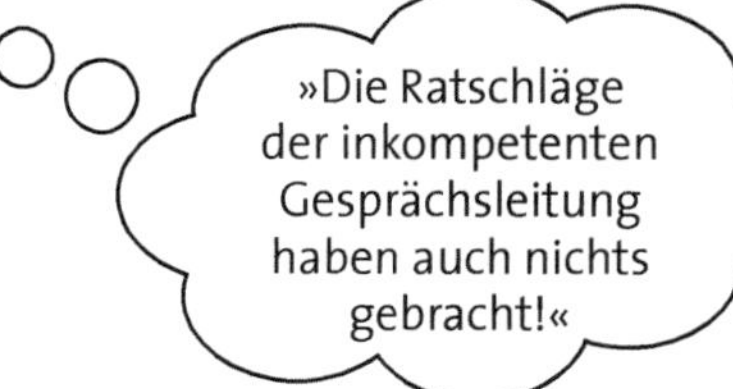

lehnt die Hilfestellung verärgert ab: »Ratschläge und Mitleid helfen auch nichts und schließlich habe ich Sie nicht um Hilfe gebeten!«

⇩

Gesprächsleitung:

»Ja, wenn der sich so verhält, kann man ihm auch nicht helfen! Klar, dass es dann wieder schief läuft!«

Lehrkraft:

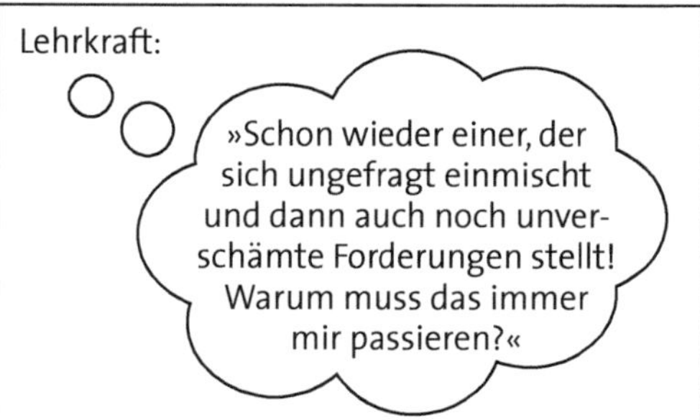

Analyse

Die Lehrkraft erhält den Beweis, dass die Gesprächsleitung ihn nicht bedingungsfrei akzeptiert und ihn »herumkommandiert«, indem die Gesprächsleitung sagt, wie der Lehrkraft agieren soll.

Die Gesprächsleitung erhält den Beweis dafür, dass die Lehrkraft uneinsichtig ist und nicht macht, was man ihr sagt. Zudem wird mögliche eigene Unsicherheit überspielt durch die Schwäche der Lehrkraft. »Ich bin die starke Gesprächsleitung und helfe dir!«

Die »Ich rette Dich«-Lehrkraft

Diese Interaktion wird oft von überfürsorglichen Gesprächsleitungen gespielt, die eine Art »Helfersyndrom« aufweisen.

Dadurch wird i.d.R. das Problem der Lehrkraft nicht gelöst.

Gesprächsleitung
Die Gesprächsleitung erkennt, dass der Lehrkraft gerade ein schwerwiegendes Problem, ggf. auch außerunterrichtlicher Art hat (z.B. Tod eines Elternteils, Trennung,...).

Ausstiegsmöglichkeiten zur Diskussion

✓ als Gesprächsleitung vergewissern, dass man durch die Überforsorglichkeit die Lehrkraft nicht abwertet.

Statt dessen:

✓ Einverständnis einholen: »Darf ich Sie etwas fragen?«

z.B.

⇨ »Wie sehen Sie die Situation?«
⇨ »Möchten Sie Hilfe von mir?«
⇨ »Welchen Weg halten Sie für sinnvoll?«
⇨ »Was möchten Sie erreichen?«
⇨ »Was möchten Sie verändern?«
⇨ »Welchen Teil können Sie übernehmen, welchen ich?«
⇨ »Woran erkennen Sie, dass Sie erfolgreich sein werden?«

Für besonders hartnäckige Fälle:

Gesprächsleitung: »Wer und was kann Ihnen Sie aus Ihrer Sicht am besten unterstützen?« »Haben Sie sich schon einmal überlegt, (professionelle) Hilfe von außen mit ins Boot zu holen?«

Die »Ganz bestimmt, aber«-Lehrkraft

Das Thema ist stets das Gleiche. Eine Lehrkraft hat ein Problem und sucht Hilfe. Die Gesprächsleitung bemüht sich und gibt Ratschläge. Die Lehrkraft weist diese aber immer mit »Ganz bestimmt, aber...« zurück und stellt den Lösungsvorschlag damit infrage.

Dadurch entsteht auf beiden Seiten Unmut.

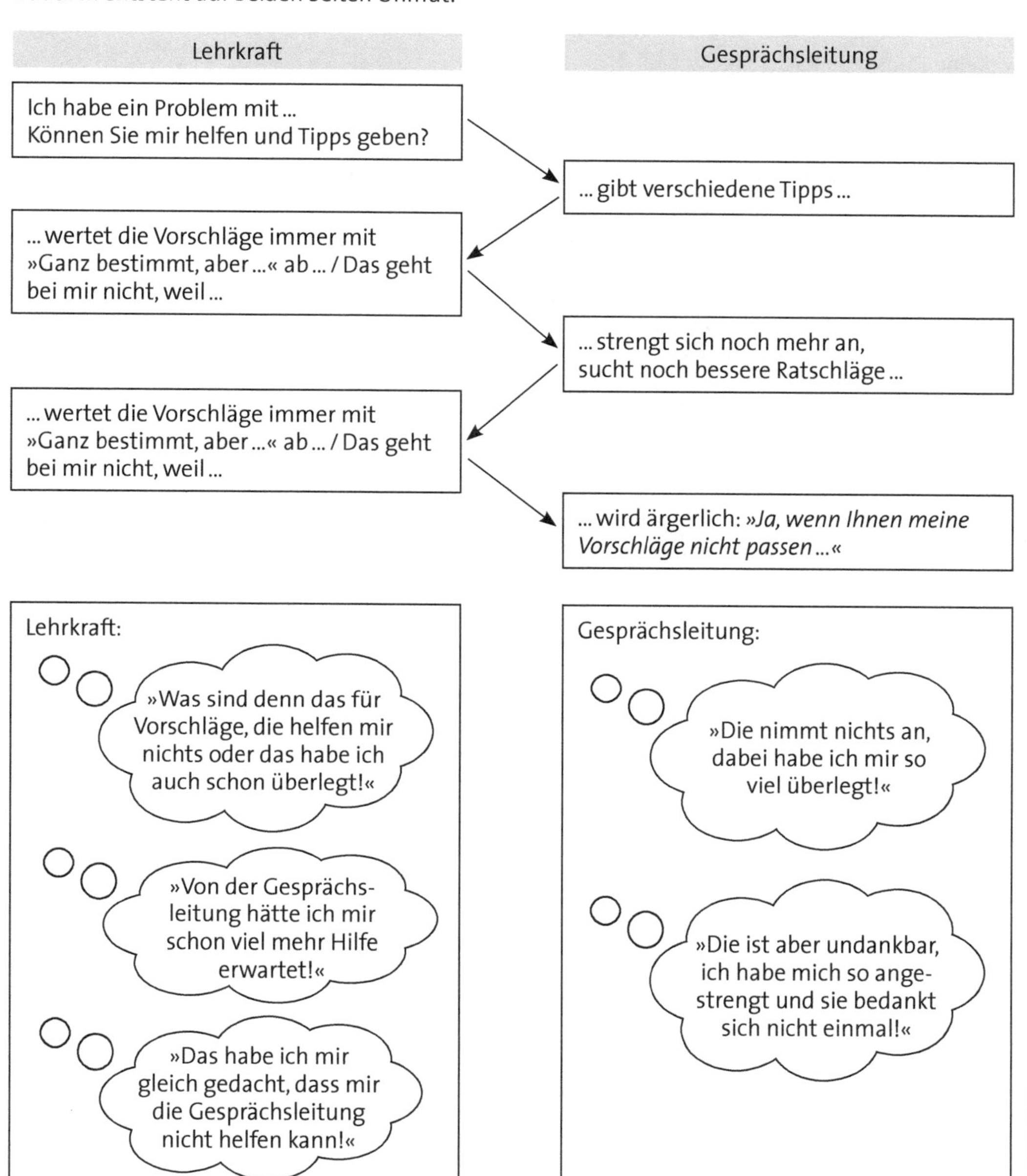

Analyse

Die Lehrkraft erhält den Beweis für die Inkompetenz der Gesprächsleitung und dass das Problem unlösbar ist und erfährt eine Bestätigung der eigenen Weltsicht: »Wusste ich doch gleich, dass mir niemand helfen kann oder das Problem unlösbar ist!«	Die Gesprächsleitung möchte helfen, geht aber in die Retter-Postion und aktiviert dabei nicht das Erwachsenen-Ich des Gegenübers. Häufig steckt hinter der Retterposition der Wunsch nach Respekt und Anerkennung von der »Ganz bestimmt, aber...«-Lehrkraft der Gesprächsleitung gegenüber.

Die »Ganz bestimmt, aber«-Lehrkraft

Das Thema ist stets das Gleiche. Eine Lehrkraft hat ein Problem und sucht Hilfe. Die Gesprächsleitung bemüht sich und gibt Ratschläge. Die Lehrkraft weist diese aber immer mit »Ganz bestimmt-aber…« zurück und stellt den Lösungsvorschlag damit infrage.

Dadurch entsteht auf beiden Seiten Unmut.

Ausstiegsmöglichkeiten zur Diskussion

✓ Keine Tipps oder Ratschläge geben.

Statt dessen:

✓ Bisherige Lösungsversuche und den Willen zur Veränderung erfragen.

z.B.

⇨ »Was haben Sie sich überlegt?«
⇨ »Welchen Weg halten Sie für sinnvoll?«
⇨ »Was möchten Sie erreichen?«
⇨ »Was ist aus Ihrer Sicht meine Aufgabe?«
⇨ »Was möchten Sie zur Problemlösung beitragen?«

Für besonders hartnäckige Fälle:

Gesprächsleitung: »Vielleicht ist ein Blick in die Fachliteratur hilfreich. Bitte lesen Sie sich ein und informieren Sie mich, wenn Sie möchten, über das, was Sie herausgefunden haben!«

Die »Ich bin doof«-Lehrkraft

Die Lehrkraft verhält sich sehr unsicher und fragt ständig nach, obwohl die Sachverhalte schon mehrfach in Besprechungen erläutert wurden.

Dadurch zieht die Lehrkraft viel negative Aufmerksamkeit auf sich.

Oft handelt es sich um anstrengende und zeitraubende Gespräche.

Lehrkraft	Gesprächsleitung
Die Lehrkraft fällt durch unbeholfenes Verhalten auf, fragt auch bei einfachen Sachverhalten nach. »Müssen wir für die Bundesjugendspiele eigentlich auch eine Teilnehmerliste mit auf den Sportplatz nehmen?«	... zeigt zunächst Interesse, fühlt sich in der »Retterposition« und beantwortet geduldig alle Fragen, ist evtl. sogar erfreut über das Nachfragen und fühlt sich in der eigenen Kompetenz gestärkt.
... versteht es wieder nicht ... fragt weiter, auch in unpassenden Zeitabschnitten, wiederholt nach: »Was müssen wir denn eigentlich für für die Bundesjugendspiele mitnehmen? Müssen wir uns auch um die Urkunden kümmern?«	... hat den Eindruck, dass diese Lehrkraft anstrengend ist, viel Zeit und Energie benötigt ... ... bleibt aber weiter in der »Retterrolle« und erklärt geduldig, aber genervt ...
...fragt weiter nach... »Ich habe gar nicht gewusst, dass die Urkunden vom Bundespräsidenten bereits unterschrieben sind! Muss ich dann auch noch darauf unterschreiben?« ...	... ist es leid alles zu erklären und zeigt der Lehrkraft ihre eigene »Dummheit« auf ... »Das habe ich schon drei Mal erklärt, zusätzlich steht es in unseren Unterlagen zu den Bundesjugendspielen auf unserer Homepage im internen Bereich und ausgedruckt liegt es in Ihrem Fach!« ...

Lehrkraft:

Gesprächsleitung:

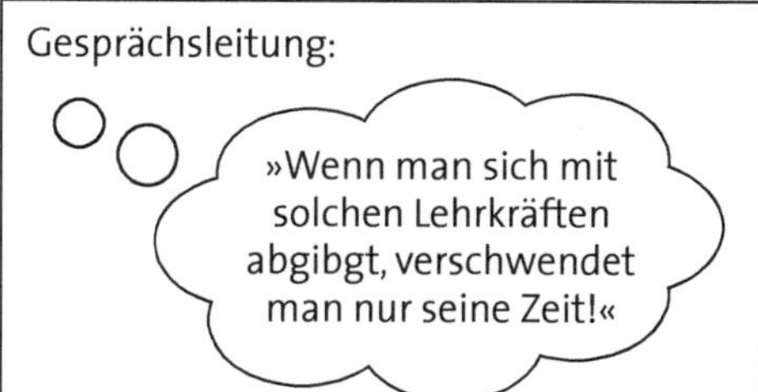

Analyse

Lehrkraft	Gesprächsleitung
Die Lehrkraft beweist sich ihre eigene Inkompetenz und agiert manchmal verdeckt Aggressionen aus, weil durch die Fragen z.B. im Gesamtplenum die anderen Lehrkräfte alle mit betroffen und »genervt« sind. Dadurch erhält die Lehrkräft negative Zuwendung, als würde sie diese paradoxerweise suchen.	Die Gesprächsleitung kann sich nicht abgrenzen und möchte der Lehrkraft helfen.

Die »Ich bin doof«-Lehrkraft

Die Lehrkraft verhält sich sehr unsicher und fragt ständig nach, obwohl die Sachverhalte schon mehrfach im Seminar erläutert wurden.

Dadurch zieht die Lehrkraft viel negative Aufmerksamkeit auf sich.

Oft handelt es sich um anstrengende und zeitraubende Gespräche.

Ausstiegsmöglichkeiten

✓ die Verantwortung an die Lehrkraft wieder abgeben.
✓ sich als Gesprächsleitung selbst überprüfen, ob man „genervt" oder verärgert wird.
✓ für sich als Gesprächsleitung zunächst innerliche Ruhe schaffen und klar kommunizieren.

Die Lehrkraft soll/muss selbst Verantwortung für ihre Wünsche und ihr Verhalten übernehmen.

Fragen stellen:

z.B.

⇨ »Wo könnten Sie selbst die gesuchte Information gewinnen?"
⇨ »Wie stellen Sie sich die Lösung vor?"
⇨ »Was haben Sie denn bisher verstanden?"
⇨ »Was möchten Sie erreichen?"
⇨ »Was ist aus Ihrer Sicht meine Aufgabe?"
⇨ »Was möchten Sie zur Problemlösung beitragen?"

Für besonders hartnäckige Fälle:

Gesprächsleitung: ggf. die gewünschte Antwort verweigern

Die »Gesprächsleitung-Melkkuh«-Lehrkräfte

Diese Situation stellt sich manchmal ein, wenn Lehrkräfte daran gewöhnt sind, von der Gesprächsleitung viel geboten zu bekommen.

Perfektionistisch veranlagte oder unsichere Gesprächsleitungen fühlen sich dadurch ggf. gedrängt, noch mehr zu arbeiten, oder ertappt, nicht „gut genug" für die Lehrkräfte im Kollegium zu tun.

Lehrkräfte	Gesprächsleitung
»Könnten wir in der Konferenz nicht auch einmal etwas zur Förderplanarbeit machen? Das wäre so wichtig für die Förderung der Kinder bereits in diesem Jahr? Und Gesprächsführung mit Eltern, da haben wir eigentlich fast noch gar keine Fortbildung gemacht!«	...reagiert betroffen. »Da haben Sie ganz recht, das ist ein ganz wichtiges Thema! Ich kümmere mich darum!« Die Gesprächsleitung beginnt zusätzlich zu den alltäglichen Vor- und Nachbereitungen zu den bereits drei gehaltenen Konferenzen zur Inklusion und Elternarbeit einen weiteren pädagogischen Tag »Intensivierung der kooperativen Förderplanarbeit« mit bestellter Fachliteratur aufzubereiten, telefoniert mit den verschiedenen Richtungen des Sonderpädagogischen Dienste und versucht Termine auszumachen,...
... lehnen sich zurück und warten ab, was die Gesprächsleitung so bieten kann ...	... ist gestresst, aber auch erfreut, dass der pädagogische Tag »Intensivierung der kooperativen Förderplanarbeit« nach vier Nachtschichten und endlosen Telefonaten endlich steht und gehalten wird.
... nehmen den pädagogischen Tag »Intensivierung der kooperativen Förderplanarbeit« zur Kenntnis ...	... ist gleichzeitig verwirrt, verärgert und betroffen sowie sehr erschöpft ...
Lehrkraft: »Das wurde ja langsam mal Zeit – aber mit den Unterlagen zur Unterrichtspraxis kann ich nichts anfangen!«	Gesprächsleitung: »Vielleicht war der pädagogische Tag ›Intensivierung der kooperativen Förderplanarbeit‹ nicht aktivierend genug! Den muss ich noch verbessern!« ...und/oder: Ein undankbarer Haufen, die können nicht mal »Danke!« sagen

Analyse

Die Lehrkraft ist es gewöhnt, die Verantwortung für den eigenen Lernprozess an die Gesprächsleitung abzugeben. Gleichlaufend ist die Erwartungshaltung sehr hoch.	Die Gesprächsleitung tut sich schwer die Verantwortung, auch für die Erarbeitung von Inhalten, abzugeben. Wünsche der Lehrkräfte werden als »Befehl« zur Erledigung aufgefasst, um das eigene perfektionistische Bild der »guten Gesprächsleitung« nicht zu verfälschen. Gleichzeitig schmeichelt es der Gesprächsleitung, gefragt zu sein und gebraucht zu werden, die Enttäuschung ist aber langfristig groß, dass sich der erhöhte Einsatz nicht in »offener Dankbarkeit« auszahlt.

Die »Gesprächsleitung-Melkkuh«-Lehrkräfte

Diese Situation stellt sich manchmal ein, wenn Lehrkräfte daran gewöhnt sind, von der Gesprächsleitung viel geboten zu bekommen.

Perfektionistisch veranlagte oder unsichere Gesprächsleitungen fühlen sich dadurch ggf. gedrängt, noch mehr zu arbeiten oder ertappt, nicht »gut genug« für die Lehrkräfte im Kollegium zu sein.

Oft bringen sich Gesprächsleitungen dadurch an die psychische und physische Belastbarkeitsgrenze.

Ausstiegsmöglichkeiten

✓ sich als Gesprächsleitung selbst überprüfen, ob das Anliegen gerechtfertigt ist.
✓ die Verantwortung an die Lehrkräfte, z. B. zur Erarbeitung von Inhalten abgeben lernen.
✓ für sich als Gesprächsleitung zunächst innerliche Ruhe schaffen und klar kommunizieren.

Die Lehrkräfte übernehmen selbst Verantwortung für ihre Wünsche und ihr Verhalten.

Fragen stellen:

z.B.
⇨ »Warum erscheint Ihnen dieses Anliegen so wichtig?«
⇨ »Gibt es dazu Vorwissen in der Gruppe?«
⇨ »Wer kann sich dazu einbringen und an der Schule nach Erfahrungswerten fragen?«
⇨ »Wer kann ein best-practice-Beispiel mitbringen?«
⇨ »Was ist aus Ihrer Sicht meine Aufgabe?«
⇨ »Was möchten Sie zur ›Problemlösung‹ beitragen?«
⇨ »Kann das jemand für die Gruppe zusammenstellen in einem Handout?«

<u>Für besonders hartnäckige Fälle:</u>

Gesprächsleitung: »Wenn Ihnen dieses Anliegen so wichtig ist und unter den Nägeln brennt, wo haben Sie sich vorab schon eingelesen? (ggf. Warum nicht?)«

Die Fehlerteufel-Lehrkraft

Die Lehrkraft möchte der Gesprächsleitung einen Fehler nachweisen und diesen Fehler stark in den Vordergrund stellen und somit den Rest der Arbeit abwerten. Das Augenmerk soll so, trotz guter Leistung der Gesprächsleitung, auf den Fehler gelegt werden. Dadurch wird von seitens der Lehrkraft Kontrolle erlangt und von eigenen Unsicherheiten abgelenkt.

Dieses Spiel wird oft mit engagierten Gesprächsleitungen gespielt und löst mitunter Perplexität aus.

Lehrkraft

»In den Unterlagen zur Konferenz ist Literatur angegeben, die ist ja noch aus dem letzten Jahrtausend. Ist das noch mit dem aktuellen Anforderungen überhaupt in Einklang zu bringen?«

⇨ Die Lehrkraft versucht einen Mangel anzuführen und damit nachzuweisen, dass die Arbeit der Gesprächsleitung ungenügend ist, obwohl die Arbeit üblichen Schulstandards entspricht.

Gesprächsleitung

Reaktionsmöglichkeiten und ihre Folgen

Engagierte Gesprächsleitungen fühlen sich oft betroffen, dass ihnen solch ein Fehler unterlaufen konnte, rechtfertigen sich und entschuldigen sich, ggf. auch mehrmals.

⇩

Lehrkraft:

»Hatte ich doch recht, die Gesprächsleitung hat wirklich nichts drauf!«

Die Gesprächsleitung reagiert der Lehrkraft gegenüber verärgert. »Ich habe Ihr Schriftwesen kontrolliert, da haben die Belehrungen im Klassentagebuch auch nicht gestimmt und waren nicht unterschrieben!«

⇩

Gesprächsleitung:

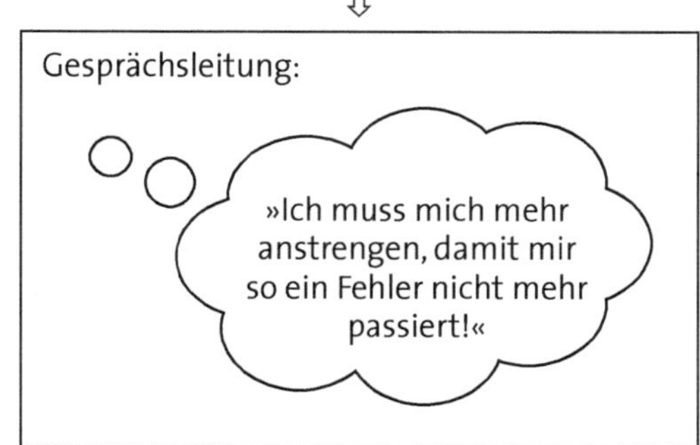

Analyse

Die Lehrkraft behält die Kontrolle über die Situation, wechselt evtl. sogar in die Retterrolle und kontrolliert mit überfürsorglichem Verhalten die Situation:
»So schlimm ist das nicht. Ich habe noch aktuelle Unterlagen, meineTochter studiert Lehramt, die kann ich Ihnen gerne zum Einarbeiten mitbringen!«
Sie beweist der Gesprächsleitung, dass sie Fehler macht, beruhigt sich und fühlt sich selbst in Sicherheit, wenn er merkt, dass andere auch Fehler machen.

Die Gesprächsleitung fühlt sich unsicher und versucht sich über ihre Arbeit zu stabilisieren. Sie hat oft den Anspruch perfekt sein zu müssen. Kritik wird als bedrohlich erlebt und darf nicht selbstbewusst zurückgewiesen werden.

Die Fehlerteufel-Lehrkraft

Die Lehrkraft möchte der Gesprächsleitung einen Fehler nachweisen und diesen Fehler stark in den Vordergrund stellen und somit den Rest der Arbeit abwerten. Das Augenmerk soll so, trotz guter Leistung der Gesprächsleitung, auf den Fehler gelegt werden. Dadurch wird seitens der Lehrkraft Kontrolle erlangt und von eigenen Unsicherheiten abgelenkt.

Dieses Spiel wird oft mit engagierten Gesprächsleitungen gespielt und löst mitunter Perplexität aus.

Ausstiegsmöglichkeiten zur Diskussion

✓ nicht die Perspektive der Lehrkraft einnehmen, sondern sich selbst als Gesprächsleitung wertschätzen.

Statt dessen:

✓ aus der Haltung »Ich als Gesprächsleitung bin gut und schätze mich wert« eine empathische Reaktion anbieten.

z.B.

⇨ »Ihnen ist die Jahreszahl der Literatur aufgefallen. Ich möchte das Augenmerk auf den Inhalt des Skriptes lenken! Ist das in Ordnung?«

Für besonders hartnäckige Fälle:

Gesprächsleitung: Mehrfach empathische Reaktionen seitens der Gesprächsleitung anbieten.
Das weitere methodische Vorgehen z. B. in Konferenzen benennen und das Einverständnis des Kollegiums dazu einholen und weiter arbeiten.

Acey Choy hat 1990 als Ausstiegsmöglichkeit und Weiterentwicklung zum Dramadreieck das Gewinnerdreieck konzipiert. Diese nutzt das Potenzial, das in den einzelnen Rollen des Dramadreiecks Retter, Opfer und Verfolger steckt, indem es die zugrunde liegenden Motive, die hinter dem Verhalten stehen, nutzt und konstruktiv im Gespräch umwandelt. Auf diese Weise werden Abwertungen verhindert und »spielfreie« Beziehungen in der Situation ermöglicht.

Aus dem Täter wird ein Konfrontierer oder Verhandler, aus dem Opfer ein selbstbewusster aktiv Hilfesuchender und aus dem Retter ein Unterstützender Helfer. Durch die Transformation der Rollen nimmt die Kommunikation einen wertschätzenden konstruktiven Verlauf. Die dialogischen Prozesse werden nun bewusst gestaltet und die Personen begegnen sich in ihrer Rolle auf Augenhöhe, es besteht die Freiheit diese einzunehmen. Und im Mittelpunkt steht nun die Frage nach der Lösung und wie sich wer am besten einbringen kann. So entsteht ein konstruktiver Kreislauf, die Kommunikation ist durch Wertschätzung gekennzeichnet.

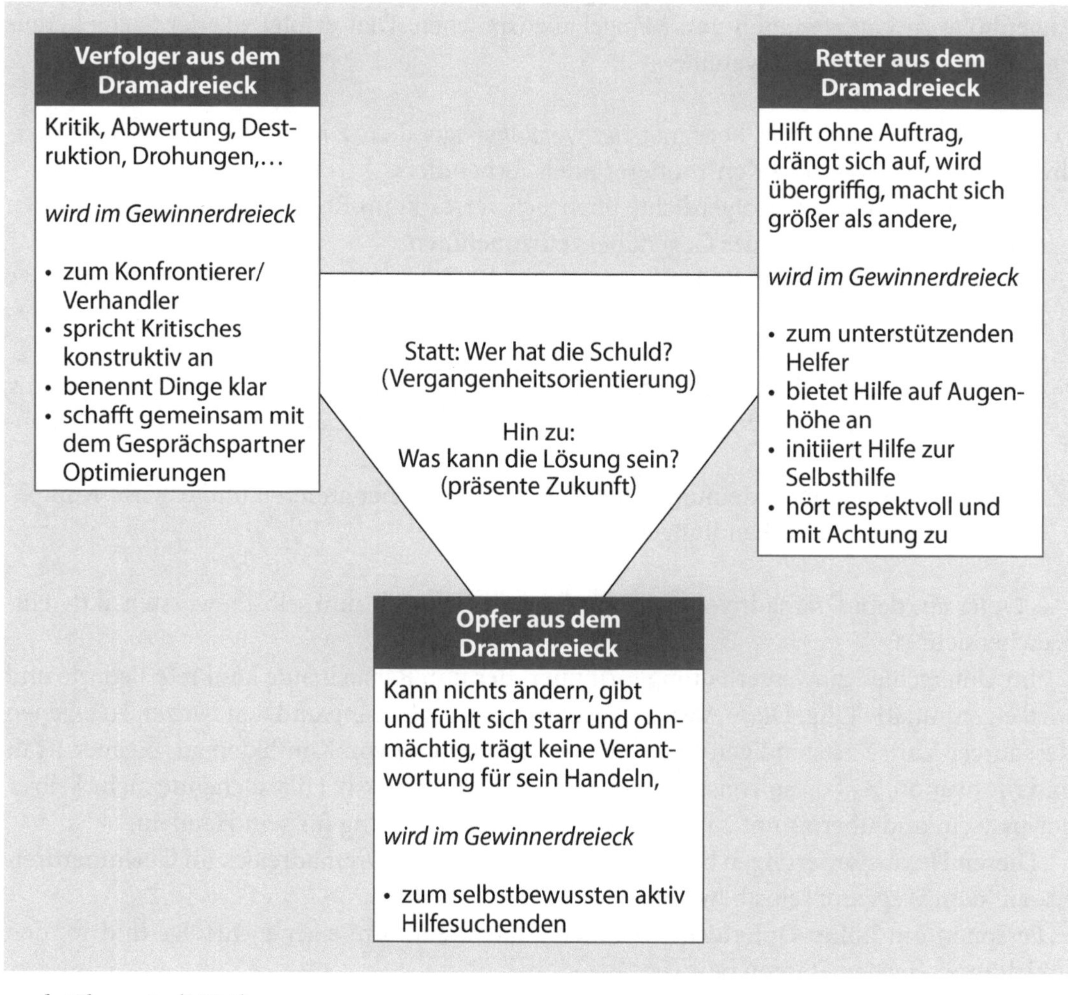

nach Choy, A. (1990)

Die Weiterführung des Dramadreiecks ins Gewinnerdreieck liegt darin, dass die Gesprächsleitung bei sich und/oder beim Gesprächspartner erkennt, welche Rollen ihm im Gespräch transaktional angeboten werden, um sie im Weiteren möglichst wertschätzend zu gestalten und lösungsorientiert zu handeln bei gleichzeitiger Begegnung auf Augenhöhe.

Die hinter dem Verhaltensmuster der einzelnen Archetypen liegenden Bedürfnisse aus dem Dramadreieck werden durch die Überführung ins konstruktive Gespräch wertschätzend abgedeckt. Der Weg vom Dramadreieck zum Gewinnerdreieck führt weg von emotionalen Verstrickungen hin zu einer sachlichen Fokussierung der Problemlösung und Bedürfnisstillung. Nutzt die Gesprächsleitung diese sachliche Fokussierung, nähert sie sich dem Ziel der wirksamen Unterstützung im Dialog professionell an.

Diese Rollenveränderung bewirkt:

Der Verfolger aus dem Dramadreieck wird im Gewinnerdreieck zum Konfrontierer oder Verhandler:
Der Verfolger nutzt seine Kraft und Energie, um nun in der Wandlung konstruktiv und auf Augenhöhe zu konfrontieren und Mängel anzusprechen. Dies erfolgt aus der Sache heraus und ohne Abwerten des Gegenübers.

Diesen Herausforderungen begegnet der Verfolger aus dem Dramadreieck im Gewinnerdreieck auf dem Weg zum Konfrontierer oder Verhandler:

- Personen mit hoher Verfolgerdichte üben sich verstärkt im Rollenwechsel und versuchen empathisch die Haltung des Gegenübers einzunehmen.
- Die Fähigkeit, Mängel zu entdecken, wird weitergeführt, um reflexiv weitere konstruktive konkrete Verhaltens- und Handlungsmöglichkeiten zu finden, um Situationen zu verändern.
- Die Person entwickelt eine fehlerfreundliche Haltung und benennt, dass es in Ordnung und hilfreich ist, Fehler zu machen und aus ihnen weitere Handlungsmöglichkeiten abzuleiten.
- Die Person vertritt ihre Meinung, setzt Grenzen gegenüber anderen und erwirbt Kompetenzen, konstruktiv Verhandlungen zu führen.

Das Opfer aus dem Dramadreieck wird im Gewinnerdreieck zum selbstbewussten aktiv Hilfesuchenden:

Im Unterschied zur Opferhaltung formuliert der nun Ratsuchende konkrete Bedarfe und wird eigeninitiativ tätig. Diese Aktivierung verstärkt den Zugang und den Nutzen zu eigenen Ressourcen zur selbstständigen Entscheidung und Lösung von Konflikten aus eigener Kraft und Motivation. Auf diese Weise erlangt der selbstbewusst aktiv Hilfesuchende mehr Selbstbewusstsein und übernimmt zunehmend selbst Verantwortung für sein Handeln.

Diesen Herausforderungen begegnet das Opfer aus dem Dramadreieck im Gewinnerdreieck auf dem Weg zum selbstbewussten aktiv Hilfesuchenden:

- Personen mit höher Opferdichte betonen zunehmend ihre eigenen Erfolge und werden sich ihrer eigenen Stärken bewusst.
- Die Fähigkeit, um Unterstützung zu bitten, ohne sich selbst dabei klein zu machen und abzuwerten, wird weiter entwickelt.
- Die Person erfasst zunehmend klarer, was sie selbst für sich benötigt und kann klare Abmachungen treffen.

- Die Person entwickelt eine zunehmende Haltung des Miteinanders und Geben und Nehmens, sodass sie auch bereit ist Gegenleistungen zu erbringen.
- Die Person entwickelt zunehmend eigene Ideen und Strategien zur Lösung einer Herausforderung und wird zunehmend selbstbewusster.

Der Retter aus dem Dramadreieck wird im Gewinnerdreieck zum unterstützenden Helfer:

Der Retter überlässt die Verantwortung für das Tun des anderen beim Gegenüber. Er agiert nicht mehr ungefragt und ohne vom Gegenüber klar formulierten Auftrag. Der unterstützende Helfer, hilft dem anderen, dass er in seine eigenen Ressourcen und Motivationen findet, nutzt und stärkt damit das Gegenüber in seiner Selbstverantwortung.

Diesen Herausforderungen begegnet dem Retter aus dem Dramadreieck im Gewinnerdreieck auf dem Weg zum unterstützenden Helfer:

- Personen mit höher Retterdichte handeln nicht mehr vorauseilend und ungefragt, sondern holen sich einen klaren Auftrag, indem sie formulieren: »Was erwarten Sie von mir?« oder »Wie kann ich Sie genau unterstützen?« und begegnet dem Gegenüber damit auf Augenhöhe.
- Die Person handelt nun nach gemeinsam vereinbarten Abmachungen und Absprachen.
- Die Person entwickelt zunehmend die Fähigkeit, die eigenen Bedürfnisse zu kennen und zu stillen, sodass sie kein Gegenüber mehr zum Erhalt des eigenen Selbstbewusstseins benötigen.
- Die Person wird kompetenter im genauen und aktiven Zuhören, um das Anliegen des Gegenübers noch besser wahrzunehmen.

11 Möglichkeiten der Psychohygiene der Gesprächsleitung

Auch Gesprächsleitungen sind vielfältigen Belastungen und Herausforderungen ausgesetzt. Ein »zu viel« an dauerhaften (Über-) Belastungen erhöht u.a. Stress und Frustration. Die »Fehlerhäufigkeit« der Gesprächsleitung steigt im konkreten Gespräch mit der Lehrkraft, Ohnmachtsgefühle und Resignation bei gleichzeitiger Reduzierung der Arbeitszufriedenheit und der Gesundheit nehmen zu.

Deshalb ist es für Gesprächsleitung besonders wichtig, achtsam mit sich umzugehen. Die folgenden Impulse sind individuelle Möglichkeiten der Gesprächsleitung, um noch stärker auf sich selbst zu achten. Ziel ist es geeignete Schwerpunkte zu finden und sich mit ihnen zum eigenen Wohlbefinden auseinanderzusetzen, in welchem Grad sie aktuell verfügbar sind oder als Ziel zur Annäherung hin definiert werden, um Problematiken zu minimieren und stärkende Momente zu intensivieren.

Bewährt hat sich, die eigenen Antworten als persönliche Landkarte zu visualisieren. Die Metapher der Landkarte ermöglicht auch auf metaphorischem Weg Querverbindungen und Zusammenhänge zu erkennen und das persönliche Handeln mit sich und anderen reflektierter zu gestalten.

Impulse zum Forschen im persönlichen Bereich:

- Was sind meine Grundbedürfnisse?
- Was sind meine Grundüberzeugungen?
- Was gibt mir positive Lebensenergie?
- Was stabilisiert/erhöht meine Selbstwirksamkeit?
- Was gibt mir Struktur, Halt und Sicherheit?
- Was sind meine besonderen Stärken?
- Welche Beziehungen sind mir besonders wichtig?
- Wie bewältige ich Herausforderungen zufriedenstellend?
- Wie reguliere ich meine Emotionen?
- Vor welchen Herausforderungen stehe ich?
- Wer unterstützt mich (nachhaltig)?
- Wer bringt mir Wertschätzung gegenüber auf?
- Was hält mich körperlich fit?
- Was hält mich geistig fit?
- Wem kann ich zwischenmenschlich vertrauen?
- Was bringt mir Entspannung?
- Wie ernähre ich mich?
- Wie schlafe ich?

Impulse zum Forschen im beruflichen Bereich

- Was sind meine Grundbedürfnisse im Beruf?
- Was sind meine Grundüberzeugungen im Beruf?
- Was gibt mir positive Arbeitsenergie im Beruf?
- Was stabilisiert/erhöht meine Selbstwirksamkeit im Beruf?

- Was gibt mir Struktur, Halt und Sicherheit im Beruf?
- Was sind meine besonderen Stärken im Beruf?
- Wie reguliere ich meine Emotionen im Beruf?
- Vor welchen Herausforderungen stehe ich im Beruf?
- Wer unterstützt mich (nachhaltig) im Beruf?
- Wer bringt mir Wertschätzung gegenüber auf im Beruf?
- Wem kann ich zwischenmenschlich vertrauen im Beruf?
- Was bringt mir Entspannung im Beruf?
- Erkenne ich Warnsignale (Unkonzentriertheit, Resignation, ...)?
- Welche Muster habe ich zur bewältigungsorientierten Auseinandersetzung mit Belastungen? Sind diese zielführend?
- Ist ein Austausch mit Kollegen möglich?

Literatur

Aktionsrat Bildung (2014): Gutachten »Psychische Belastungen und Burnout beim Bildungspersonal. Empfehlungen zur Kompetenz- und Organisationsentwicklung«. Download unter: http://www.aktionsrat-bildung.de/index.php?id=75

Berne, E. (1995): Was sagen Sie, nachdem Sie »Guten Tag« gesagt haben? Frankfurt am Main

Brendtro, L. K. & Steinebach, C. (2012): Positive Psychologie für die Praxis. In: C. Steinebach, D. Jungo & R. Zihlmann (Hrsg.): Positive Psychologie in der Praxis. Weinheim.

Choy, A. (1990): The Winner's Triangle. TAJ Quelle: https://idoc.pub/documents/taj-1990-acey-choy-the-winners-triangle-r-vyly6wx9xenm

Csikszentmihalyi, M. (2016): Flow – der Weg zum Glück: der Entdecker des Flow-Prinzips erklärt seine Lebensphilosophie. Freiburg, Basel, Wien

English, F. et al. (1980): Was werd´ ich morgen tun?, Berlin

Finke, J. (1994): Empathie und Interaktion – Methodik und Praxis der Gesprächspsychotherapie. Stuttgart

Fredrickson, B. L. (2011): Die Macht der guten Gefühle: Wie eine positive Haltung ihr Leben dauerhaft verändert, Frankfurt am Main

Fredrickson, B. L. (2014): Die Macht der Liebe: Ein Blick auf das größte Gefühl, Frankfurt am Main

Harris, T. (1977): Ich bin o. k. – Du bist o. k.: Wie wir uns selbst besser verstehen und unsere Einstellung zu anderen verändern können. Eine Einführung in die Transaktionsanalyse / Brender, Irmela (Übersetzerin). Zürich

Karpman, S. B. (1968): Fairy Tales and Script Drama Analysis. https://karpmandramatriangle.com/pdf/DramaTriangle.pdf

Köhler, L./Weiß, K. (2015): Unterricht kompetenzorientiert nachbesprechen. Weinheim

Köhler, L./Weiß, K. (2016): Reflexionskarten für den Unterricht. Weinheim

Köhler, L./Weiß, K. (2020): Praxisbuch Seminarleitung. Kompetenzorientiertes Führen und Gestalten von Studienseminaren in der Lehrer_innenausbildung, Weinheim

Miller, R. W./Rollnick, S. (2004): Motivierende Gesprächsführung. Freiburg im Breisgau

Morris, D. (1996; 16. Auflage): Der Mensch, mit dem wir leben: ein Handbuch unseres Verhaltens / [Aus dem Engl. von Karl Heinz Siber und Wolfram Wagmuth] München; Zürich

Morris, D. (1997): Bodytalk. Körpersprache, Gesten und Gebärden. München

O‹Connor, J./Seymour, J. (1992): Neurolinguistisches Programmieren: Gelungene Kommunikation und persönliche Entfaltung. Kirchzarten

Rogers, C. R. (1977): Therapeut und Klient. München

Rogers, C. R. (1981): Der neue Mensch (Deutsche Erstausgabe). Stuttgart

Rogers, C. R. (1997): Die nicht-direktive Beratung. Frankfurt am Main

Sachse, R./Maus, C. (1991): Zielorientiertes Handeln in der Gesprächspsychotherapie. Stuttgart

Schlegel, L. (1995; 4. Auflage): Die Transaktionale Analyse. Berlin

Seligman, M. (2012): Flourish. Wie Menschen aufblühen. Die Positive Psychologie des gelingenden Lebens. München

Steinebach, C./Jungo, D./Zihlmann, R. (Hrsg.) (2012): Positive Psychologie in der Praxis. Weinheim

Tausch, R. (1970): Gesprächspsychotherapie. Göttingen